शिखर और सीमाएँ

शिखर और सीमाएँ

शरत कुमार

वाणी प्रकाशन

वाणी प्रकाशन
4695, 21-ए, दरियागंज, नयी दिल्ली 110 002

शाखा
अशोक राजपथ, पटना 800 004

फ़ोन: +91 11 23273167 फ़ैक्स: +91 11 23275710

www.vaniprakashan.in
vaniprakashan@gmail.com

SHIKHAR AUR SEEMAYEN
by Sharat Kumar

ISBN : 978-93-5072-602-0
Novel

प्रथम (वाणी) संस्करण 2014

मूल्य : ₹200

न्यू कृष्णा ऑफ़सेट, दिल्ली-110093 में मुद्रित

वाणी प्रकाशन का लोगो मक़बूल फ़िदा हुसेन की कूची से

युदोन डोल्मा के लिये

सत्य के ज्ञान और विश्लेषण स्तर पर बुद्धिजीवी-चिन्तक की अपेक्षा साहित्यकार नैतिकता को ढील देता है क्योंकि वह जीवन के विभिन्न पहलुओं की चकाचौंध और विविधता को समझने की खोज को एक नपे-तुले सीधे निष्कर्ष पर नहीं छोड़ पाता। वह प्रयत्न करता है कि मनुष्य जीवन की उच्चतम सार्थकता और गरिमा तक पहुँच सके।

फ्रेडरिक नीत्शे

मानव-चरित्र कोई स्वतः सम्पूर्ण तथ्य नहीं है, वह वातावरण-सापेक्ष्य है।

मुंशी प्रेमचन्द

आस्तिक वृत्तिवादियों की आस्था स्वच्छ उपभोग में है—अहं के निषेध में नहीं, अहं के परितोष में है। नास्तिक दृष्टिकोण शुद्ध वैज्ञानिक और बौद्धिक है जिसमें एक दृढ़ता और स्थिरता है। काश इसमें आस्तिकता का समर्पण-भाव भी होता।

अज्ञात

1

उस पूरे साल वे उत्तरी सिक्किम के ऊँचे पहाड़ों के बीच एक सँकरी घाटी में रहे। पहाड़ों की ढलानें बहुत तेज़ थीं पर जहाँ से सड़क गुज़रती थी वहाँ चट्टानों से उपर थोड़ी समतल ज़मीन थी और वहाँ मशीनें और मोटरगाड़ियाँ खड़ी रहा करती थीं। नीचे घाटी की गहराई में तीस्ता नदी थी जो बरसात में बहुत ऊपर तक उमड़ कर नीचे घाटी को अपने मटियाले पानी की गरज से भर देती थी। बरसात ख़त्म होने पर नदी का पानी उतरता जाता और नवम्बर के आरम्भ में नदी साफ नीले पानी की पतली धारा के समान रह जाती जिसमें पत्थरों की ओट में बने छोटे गड्ढों में ट्राउट मछलियाँ थीं। नदी के ऊपर धान के खेत थे। सुबह और शाम तलहटी से ऊपर उठती धान की महक से भरी हवा कैम्प को अपनी ख़ुशबू से सराबोर कर जाती। सड़क के ऊपर पथरीली ढलानें थीं और उनसे ऊपर बाँस और फिर चीड़ का जंगल और अन्त में पहाड़ की चोटी के पास देवदार के ऊँचे वृक्ष थे। बरसात का मौसम शुरू होने के कुछ ही दिनों में तेज़ी से उग आती घास चरवाहों की बनाई हुई अनगिनत पगडंडियों को ढक देती और पहाड़ की चोटी तक चढ़ना लगभग असंभव हो जाता। पहाड़ के जंगल में साँप थे जो बरसात के मौसम में काफी तादाद में अपने बिलों से निकल आते थे। नवम्बर के अन्त तक पहाड़ की चोटी पर बर्फ पड़नी शुरू हो जाती और कभी-कभी बर्फ के फाहे नीचे सड़क तक आ जाते। पर नीचे पड़ी बर्फ देर तक ठहर नहीं पाती थी और गिरने के साथ ही पिघल जाती।

घाटी के दोनों छोरों पर बहुत ऊँचे पहाड़ थे जिन पर पूरे साल बर्फ रहती थी। जनवरी और फरवरी के साफ मौसम में बर्फ से ढके सफेद पहाड़ नीले आसमान के परोक्ष में बहुत दूर-दूर तक दिखाई पड़ते। पहाड़ों की ढलानों से बहती हवा में ताज़ी बर्फ की चुभन होती जो नीले साफ आसमान की शुभ्र धूप में मन-प्राण को अपनी स्फूर्ति से भर देती। फिर आसमान में बादल आने शुरू हो जाते और अप्रैल के अन्त में कई बार बड़े-बड़े ओलों की बौछारें पड़तीं। पथरीली ढलानों की झाड़ियाँ तब छोटी झड़बेरियों से भर जातीं और पहाड़ की ऊँचाइयों पर जंगली लाल स्ट्राबेरी फैली होतीं। उन दो-तीन महीनों में खिल आये असंख्य फूल पहाड़ों को अपनी

खूबसूरत से सराबोर कर देते।

बरसात के महीनों में घाटी उठती धुंध और बादलों से भरी रहती थी। पानी झड़ी बाँधकर गिरता और तिरपाल की छत पर पड़ती बौछारों की आवाज़ रात के वीरानेपन को भर देती। ताज़ी कटान की नयी कच्ची सड़क पर पहाड़ टूटने और पत्थर लुढ़क आने से जगह-जगह पर रास्ता बन्द हो जाता। जहाँ सड़क पथरीली नहीं थी वहाँ दलदल होती जिसमें भारी फौजी ट्रकों के चलने से दो-दो फुट गहरी गराड़ी बन जातीं और कभी-कभी दलदल में फँसी गाड़ियाँ कई दिन तक रास्ता रोक देतीं। बरसात के महीनों में कई बार पहाड़ों से नीचे की दुनिया से कैम्प का सम्बन्ध लम्बे अरसों के लिए टूट जाता और तब उनका संसार उस घाटी और घाटी के सामने वाले पहाड़ों की धुन्ध में छिपती गहराई तक ही सीमित रह जाता। फौजी ट्रकों के लम्बे कॉनवाय के ड्राइवरों को बरसात के मौसम में गाड़ियाँ धीमी चलाने की हिदायत थी। सड़क खुलने पर घाटी के दूर छोर पर सड़क के घुमाव से धीरे-धीरे ऊपर रेंगती गाड़ियों की लम्बी कतारें सप्ताह भर की इकट्ठी डाक और ताज़ा राशन ले आतीं और कैम्प में नया जीवन पड़ जाता।

तीस्ता नदी घाटी के साथ ऊँची उठती गयी थी। कैम्प से चार मील ऊपर पहाड़ के मोड़ की ओट में छिप जाने के बाद नदी मेन्शीथांग घाटी में और भी तेज़ी से ऊपर उठती गयी थी। नदी का स्रोत दूर दिखाई पड़ते बर्फ के पहाड़ों की हरी झीलों में था। पिछले साल नदी में आयी भयंकर बाढ़ के बाद आसाम राइफल्स की एक टोली दस दिन बहुत जतन करने के बाद ही हरी झीलों तक पहुँच पायी थी। टोली की जाँच-रिपोर्ट के अनुसार एक ग्लेशियर की बहुत-सी बर्फ अचानक हरी झील में फिसल गयी थी और झील का पानी तीस फुट ऊँची लहर के रूप में घाटी में बह निकला था। बाढ़ का पानी दो सौ से अधिक आदमियों को बहा ले गया जिसमें अधिकतर सड़क पर काम करने वाले तिब्बती मज़दूर थे। पर उस साल अक्तूबर में चीन से लड़ाई शुरू हो गयी जिसमें मरने वाले फौजियों की संख्या कहीं अधिक थी। और साल के अन्त तक उत्तरी सिक्किम की बाढ़ में बह गये दो सौ आदमियों की चर्चा बहुत कम रह गयी थी।

2

बम्बई की चहल-पहल से सिक्किम-तिब्बत सीमा के ऊँचे पहाड़ों के एकान्त तक की लम्बी यात्रा के अन्तिम छोर पर भागीरथी के दूर क्षितिज तक फैले अन्तहीन विस्तार को देखते हुए तब पहली बार समरेश को लगा था कि बीता जीवन पीछे छूट गया है। फरक्का घाट का रेल पुल बनने में अभी कई वर्ष बाकी थे। स्टीमर डेक पर भरे, दूसरे किनारे खड़ी सिलीगुड़ी जाने वाली रेलगाड़ी की ओर जाते, यात्री-समूह को वह देखता रहा। तेज़ बहती हवा के झोंके नदी के विशाल पाट में समुद्र जैसी लहरें उमड़ा रहे थे। दूर बादलों की गहराई में होती वर्षा की नमी और ठंडी ताज़गी हवा में भरी थी।

ऊपर आसमान में घिरते बादलों में कभी-कभी बिजली कौंध जाती और कभी क्षितिज के अन्त पर फटते बादलों में से छनती शाम की स्वर्णिम धूप अपनी तिरछी किरणों से डेक के यात्रियों के चेहरों को उजला जाती। उन धूप-रेखाओं में उसने पहली बार वह विलक्षण चेहरा देखा था। डेक के आखिरी सिरे पर पड़ी कुर्सियों में गहरी नीली साड़ी में लिपटा गेहुआँ मुख जिसने सहसा दृष्टि को अपनी ओर समेट लिया। आँख-मिचौलती धूप में दमकती आकृति की अमिट आभा।

घाट के दूसरे पार पहुँचते-पहुँचते अँधेरा घिर आया। कुलियों से सामान उठवा कर कम्पार्टमेंट ढूँढ़ने तक बारिश आ गयी। कच्ची मिट्टी के अधबने प्लेटफार्म की दलदली फिसलन में कई चक्कर लगाने पड़े। और फिर चमकती बिजली की कौंध में एक कम्पार्टमेंट की खिड़की में सहसा वही उज्ज्वल चेहरा झलक आया। एक चमक जिसने एक बार फिर दृष्टि को उसी ओर रोक दिया। क्षणभर की उजलाहट में आभास मात्र। पर फिर भी, बाद के घनिष्ठतम क्षणों और नियति चक्र इतने वर्षों घूमने के बाद भी, स्टीमर डेक की स्वर्णिम धूप और फिर रेल कम्पार्टमेंट में मानस-पटल पर अंकित उस पहली छवि को वह कभी भूल नहीं पाया।

3

गंगटोक बाज़ार से उत्तर की ओर सबसे ऊँची पहाड़ी चोटी को बुलडोज़रों से समतल कर बनाये गये बौर्डर रोड के अफसर मैस में उस शाम परम्परागत सालाना डिनर की रौनक थी। मैस की पहाड़ी पर जाने वाली सड़क की चढ़ान इतनी तेज़ थी कि फोर बाई फोर गियर वाली जीपें ही ऊपर चढ़ पाती थीं। हमेशा की तरह बौर्डर रोड के सैनिक और असैनिक अफसरों के अलावा गंगटोक स्थित अन्य सरकारी विभागों के बड़े अधिकारी और उनकी पत्नियाँ आमंत्रित थीं। पहाड़ी की चोटी से नीचे गंगटोक शहर की बत्तियाँ झिलमिला रही थीं।

"चीन से लड़ाई का असली फायदा तो गंगटोक बाज़ार के दुकानदारों और ठेकेदारों को रहा।" उत्तरी सिक्किम की सबसे ख़ूबसूरत घाटी मेन्शीथांग में काम कर रही 705 कम्पनी के ओ.सी. मेजर सदाशिव ने कहा, "इनके मुनाफों का कोई अन्त नहीं।"

"टिड्डियों की तरह पहाड़ों पर छा गयी फौज की हज़ारों ज़रूरतें हैं। हर ठेकेदार के पास पिछले साल जितने खच्चर थे, अगले साल तक उतनी ही जीपें हो जायेंगी।" मेजर सदाशिव के सैकेंड इन कमांड असिस्टेंट एग्ज़ीक्यूटिव इंजीनियर शर्मा ने कॉकटेल सॉसेज मुँह में डालते हुए कहा। "हर लड़ाई के पीछे पॉलिटिशियनों की ख़ुदगर्ज़ी और अमीरों की मुनाफाखोरी होती है।" रोहतक ज़िले के एक गाँव में पैदा हुए शर्मा के बोलने का अन्दाज़ एकदम हरियाणवी था। तीन साल पहले इंजीनियरिंग डिग्री हासिल कर वह बौर्डर रोड में शामिल हुआ था और अपने पूर्व जीवन के अनुभवों से बहुत भिन्न स्तर की ऐसी सामाजिक गोष्ठियों मे अटपटा कर ज़रूरत से ज़्यादा बोल जाता था।

"शर्मा! मेन्शीथांग घाटी जैसी सुन्दर जगह में रहकर ऐसे ख़तरनाक ख़याल तुम्हें कैसे आते हैं।" समरेश ने कहा।

"सर! हम मामूली आदमियों की ज़िन्दगी का आपको क्या तजुरबा! आप तो रोमांटिक फिलासफर हैं नहीं तो बम्बई जैसी जगह छोड़ अपनी किताबें लेकर शास्त्रीय संगीत के रिकार्ड बजाने सिक्किम के जंगलों में क्यों आते।"

पुरुष अपने गिलास पकड़े छोटे समूहों में खड़े थे। कुछ सीनियर अफसरों की

पत्नियों को छोड़, अधिकतर महिलाएँ पुरुष समूहों से अलग, दीवारों के साथ लगे सोफा-सेटों पर बैठी थीं। अपने आसपास बैठी अन्य महिलाओं से बातों के अर्धप्रयासों में वे आरम्भ से ही पार्टी ख़त्म होने की प्रतीक्षा में थीं। फौजी कायदे के अनुसार बौर्डर रोड के फील्ड यूनिटों के अफसरों को परिवार अपने साथ रखने की अनुमति नहीं थी। चीफ के अलावा हैडक्वार्टर स्टाफ के रिटायरमेंट उम्र के पास पहुँचे कुछ ही अफसरों की पत्नियाँ उनके साथ थीं। गंगटोक स्थित कुछ अन्य अफसरों की महिलाएँ भी थीं।

"एक ज़माना था कि सिक्किम का नाम सुनकर खच्चरों के गले बंधी घंटियों और लामाओं की तूतियों की आवाज़ें याद आती थीं।" खिड़की से बाहर गंगटोक की बत्तियाँ देखते हुए मेजर सदाशिव ने कहा, "उत्तरी सिक्किम में अभी ख़ैरियत है। बाकी जगह तो फौजी ट्रकों की घुरघुराहट और धूल के बवंडरों से नाक में दम है।"

"रेनाक-रंगली सड़क तो अब खच्चरों के ही लायक है।" पूर्वी सिक्किम के जोंक और दलदल भरे कच्चे पहाड़ों में तैनात 807 कन्सट्रक्शन कम्पनी के ओ.सी. एक्ज़ीक्यूटिव इंजीनियर रामन ने कहा। "कच्ची सड़क पर सोलिंग और ब्लैक टॉपिंग करना था। हमारा प्रोटेस्ट के बावजूद आर्मी सप्लाई कोर ने बरसात के मौसम में तीन टन ट्रक बहुत चलाया। सड़क पर डेढ़-डेढ़ फुट गहरा गराड़ी बन गया है। द् रोड इज़ रूइन्ड। बौर्डर रोड का महकमा तो लेपचा खच्चर वालों और तिब्बती शरणार्थी वेलफेयर के लिए बना है। सड़क बनना तो तकदीर की बात है।"

सीनियर अफसरों के आसपास इकट्ठे ज़िन्दादिल समूहों में फैशनेबल साज-सज्जा वाली गिनी-चुनी मिलनसार महिलाएँ थीं। बौर्डर रोड के 'चीफ' ब्रिगेडियर की अफसरों से घिरी आकर्षक पत्नी सिक्किम में भारतीय पोलिटिकल एजेंट से बात कर रही थी।

"नॉर्थ सिक्किम इज़ एनचांटिंग। सिंघिक डाक बंगले से कंचनजंगा का मॉर्निंग व्यू इज़ बिलकुल आउट आफ दिस वर्ल्ड।"

हाल के बाहर पहाड़ों की रूप-रेखाएँ आकाश के बढ़ते अंधेरे में विहीन हो रही थीं। समरेश चुपचाप मैस से बाहर निकल आया। हल्की बहती हवा चीड़ की सुगन्ध से भरी थी। लान के अन्त की रेलिंग पर हाथ रखकर वह गंगटोक की रोशनियाँ देखता रहा। फौज, सड़क, स्त्री-पुरुष, पहाड़, पेड़ किन अनजान दिशाओं से आकर एकत्रित हुए थे। सामंजस्य और विरोध का कहाँ आरम्भ और कहाँ अन्त था? काफी देर तक वह अंधकार भरे एकान्त में चुपचाप खड़ा रहा। लेकिन वहाँ वह अकेला नहीं था! रेलिंग के पास पेड़ के सहारे एक मनुष्य आकृति थी। मैस की तेज़ रोशनी से बाहर आते समय अँधेरे से अभ्यस्त आँखों में वह आकृति पेड़

की रूपरेखा में विलीन हो गयी होगी।

"हैलो!" समरेश ने कहा।

"हैलो! स्त्री की सुसंस्कृत आवाज़ थी। समरेश के बाहर आने से पहले वहाँ खड़ी रही होगी। पार्टी से चुपचाप पलायन की समानता ने एक तरह के सामीप्य की भावना ला दी।

"बहुत सुन्दर जगह है।" गहरे नीले रंग की साड़ी में लिपटी सुगठित युवती स्त्री पेड़ के पास से हट कर समीप आ गयी।

"आप पार्टी से निकल आये।" उसने कहा।

"आप भी।" समरेश ने कहा।

"घर पर अकेलापन महसूस कर मैं पार्टी में चली आयी। भूल गयी थी कि ऐसी पार्टियों से अकेलापन और बढ़ जाता है।" समरेश चुप रहा। उसे लगा कि उससे बात करने के बहाने शायद वह अपने आप से ही बातें कर करना चाहती थी।

"अकेलापन दूर करने के लिए लोग विवाह करते हैं, जैसे सिरदर्द के लिए एनासिन।"

रेलिंग से पीछे मुड़कर समरेश ने मैस हॉल की तरफ देखा। फौजी बैण्ड कोई धुन छेड़ने के लिए तैयार हो रहा था।

"पर एनासिन लेने से सिर का दर्द कुछ ही देर के लिए दूर हो पाता है।" वह कहती गयी।

"आप घर से लड़ाई करके आयी हैं?" समरेश चुप नहीं रह सका।

लेकिन तभी फौजी बैण्ड ने एक पाश्चात्य धुन इतने बेसुरेपन से छेड़ी कि उसके अटपटेपन पर वे दोनों मुस्कुराए बिना न रह सके।

"और मैं सोचती थी कि न्यूयार्क के बाद सिक्किम में सिर्फ़ लामाओं की तूतियाँ सुनाई देंगी।"

"हिन्दुस्तानी फौज के बैण्ड ने सिक्किम को ब्राडवे के मुकाबले पर ला दिया है।" समरेश ने कहा। फौजी बैण्ड बड़ी तन्मयता से 'कर्नल बूगी' धुन बजा रहा था। उन पहाड़ों की पृष्ठभूमि में धुन की असंगतता पर वे दोनों अपनी हँसी न रोक सके।

"आप अभी इतनी परेशान थीं और अब हँस रही हैं।" समरेश ने कहा।

"मेरे पति कहते हैं कि मेरा मन न्यूयार्क के मौसम की तरह सनकी है।"

पोलिटिकल एजेंट के आफिस में फर्स्ट सेक्रेटरी पति को तीन दिन हुए ज़रूरी काम से दिल्ली जाना पड़ा था। दूतावास के अन्य परिवारों के साथ वह अकेली ही पार्टी में आयी थी।

"ज़्यादा सोचने से उलझनें दूर नहीं होतीं। कभी-कभी और बढ़ जाती हैं।" समरेश ने कहा।

"सोचे बिना रहा भी तो नहीं जा सकता। शुतुरमुर्ग की तरह रेत में मुँह दबाने से क्या होगा।"

"दबाकर देखिए। आसान रास्ता तो वही है। ज़्यादातर लोग वही करते हैं। उधर देखिए।" समरेश ने मैस हाल की ओर इशारा कर कहा।

"आपने फिलासफी कम नहीं पढ़ी लगती।" अवसाद की भावना उठ जाने पर आवाज़ में चपलता की झलक थी।

"चलिए, वापस चलें।" समरेश ने कहा।

"आपकी पोस्टिंग गंगटोक में है या कहीं बाहर?" ज़ाहिर था कि उसे पार्टी में फिर से शामिल होने की कोई जल्दी नहीं थी।

"बम्बई छोड़कर उत्तरी सिक्किम के जंगलों में रहने आया हूँ। पक्षी की उड़ान के हिसाब से तिब्बत सीमा से केवल दस मील दूर। सड़क टूटी न रहने पर गंगटोक से सात घंटे की जीप यात्रा। उन वीरान जंगलों, ऊँचे पहाड़ों और गोम्पाओं के प्रदेश में फिलासफी के अलावा और चारा ही क्या है?"

"मैं सोचती थी कि अकेलापन बड़े शहरों में ही होता है। हमारी पिछली पोस्टिंग न्यूयार्क में थी। मैंने इनसिस्ट किया था गंगटोक लेने को। विनय विल नैवर फॉरगिव मी।"

"रूमानी सपनों को दूर करने के लिए अभी तो आपकी बहुत उम्र बाकी है।" समरेश कहता गया, "हमारे कैम्प के लोग तो गंगटोक आने को तरस जाते हैं।"

"और आप?"

"मैं तो आपकी तरह जंगलों और पहाड़ों में शान्ति तलाश करने सिक्किम आया हूँ। आप रूक गयीं गंगटोक में जो न शहर है, न जंगल। शहर के नुक्स हैं पर जंगल के लाभ नहीं।"

"आपको कैसे मालूम कि मुझे जंगल पसन्द है?"

"पार्टी के बाहर खड़ी हैं न, पहाड़ों और जंगलों और आसमान को देखते हुए। और क्या सबूत चाहिए?"

"कभी-कभी मैं अपने मन में उठते विचारों को अपनी डायरी में लिखने की कोशिश करती हूँ। डायरी एक साथी की तरह है। जब नहीं लिख पाती, तब मन अकेलेपन से भर जाता है। मैं सोचती रह जाती हूँ कि दुनिया के और लोग कितनी आसानी से जीते हैं।"

पार्टी में डांस म्यूज़िक बन्द हो गया। वे दोनों रेलिंग से पीछे मुड़कर मैस हॉल की रोशनी देख रहे थे। तभी बारी-बारी से खुलते हॉल के तीनों दरवाज़ों से रोशनी के पुंज लॉन पर पड़े।

"चलिये, वापिस चलें।" समरेश ने कहा, "आपकी तलाश हो रही है।"

लॉन पार करते समय उसने कहा, "आपने कभी सोचा है कि अंग्रेज़ी में

सम्बोधन की कितनी सरलता है। हिन्दी में 'यू' का ट्रान्सलेशन 'आप' और 'तुम'। बहुत दूर या बहुत पास। बीच में कुछ नहीं।"

अपने रूप और यौवन की पूर्ण चेतना में संयमित कदमों से समरेश की ओर देखे बिना वह दरवाज़े की ओर बढ़ गयी। बरामदे की रोशनी में उजल आयी देह पर चुस्त बँधी साड़ी में उसके उन्नत वक्षों के गठन से समरेश अपनी आँखें न हटा सका। हॉल के अन्दर दाखिल होते ही पोलिटिकल एजेंट के आसपास खड़े समूह ने नदी के भंवर की तरह उसे अपने अन्दर खींच लिया। "दिप्ति व्हेयर हैव यू बीन? लॉन में भी तुमको ढूँढ़ा। प्रिन्सेस रोप ला पक्यांग नर्सरी के आरकिड्स की बात कर रही थीं। मैंने कहाः दिप्ति इज़ अवर फ्लावर स्पेशलिस्ट। मस्ट आस्क हर।"

समरेश की स्मृति रेखाएँ सहसा रेल-स्टीमर की उस सन्ध्या छवि तक दौड़ गयीं। वही आकृति ही तो थी। अन्यमनस्क रूप से वह एक से दूसरे पार्टी-समूहों में घूमता रहा। दिप्ति से कुछ देर बाद मैस हॉल में लौटने से शायद किसी का ध्यान उसकी ओर आकृष्ट नहीं हुआ था। डांस की धुन फिर से बजने पर ज़िन्दादिल समूहों में से कुछ जोड़े कहकहों की आवाज़ के बीच फ्लोर पर आ गये। दीवार के साथ लगे सोफासेटों पर स्थिर महिलाएँ अभी भी अपनी जगहों पर बैठीं पार्टी ख़त्म होने की प्रतीक्षा कर रहीं थी।

बाहर आसमान में चाँद निकल आया था। पार्टी ख़त्म होने के बाद जब समरेश अपने कमरे की ओर लौट रहा था तो लॉन में रोशनी फैली हुई थी। लॉन की रेलिंग से नीचे गंगटोक की बत्तियाँ बुझ चुकी थीं। उत्तरी आकाश में ऊँचे पहाड़ों की रूप-रेखाएँ चाँद की रोशनी में निखर आयी थीं।

4

दिप्ति की डायरी

सिक्किम! महीनों बाद आज इस शब्द में उसी उत्फुल्लता की तरंग है जिसे मैंने न्यूयार्क में महसूस किया था जब ख़बर फैली थी कि होप कुक सिक्किम के चोगयाल से विवाह कर रही हैं। सारे शहर में चर्चा थी कि न्यूयार्क पार्टी सर्कल की विशिष्ट महिला होप कुक गंगटोक जा कर रहेंगी। संसार के आख़िरी वास्तव में राज्य करते महाराजा की रानी बनेंगी। आँखों के सामने झलक आयीं थीं बचपन में दार्जिलिंग से देखी कंचनचंगा की शुभ्र ऊँची चोटियाँ, घूम का गोम्पा, चीनियों से मिलते-जुलते पर उनसे कहीं अधिक साँवले, पहाड़ों की तेज़ धूप और हवा से तपे भारी तिब्बती चेहरे, प्रार्थना चक्र घुमाते लाल चीवरधारी लामा, धुंध में लुकते-छिपते चीड़ के जंगल। और उन दिनों विनय भी उस सम्मोहन की चपेट में आ गये। तबादले का निर्णय लेने की बात थी। मैंने विनय को गंगटोक आने की कोशिश करने के लिए मना लिया।

होप कुक के हंगामे ने मेरी कितनी मदद की, सिक्किम को ऐसे रूमानी रंग में ढालने में कि विनय जैसा पक्का आदमी भी फिसल जाये। पर अब लगता है कि उसके ठोस दिमाग़ में मुझे बहलाने के अलावा कोई और कोण भी रहा होगा। अमेरिकन महारानी होप कुक और चीन के साथ बढ़ती समस्याओं में गंगटोक का महत्व बढ़ेगा। दिल्ली का सामीप्य हैडक्वार्टर में अच्छे सम्बन्ध बनाने के लिए फायदेमन्द होगा। कितनी बार विनय दिल्ली जाता है। ('जाता है', 'जाते हैं') भाषा के द्वन्द्व में मैं फँस जाती हूँ। एक में आत्मीयता है, एक सुखद बराबरी है, और दूसरे में औपचारिक आदर भावना। विवाह के तीन साल बाद अब मैं दोनों में से कुछ भी अपने अन्दर अनुभव नहीं कर पाती। लेकिन इस डायरी को लिखने के भाषा-प्रवाह में, अपने भीतर से जुड़ सकने के मेरे सहारे में, एक या दूसरे शब्द को चुनना अनिवार्य है।

महीनों से कुछ नहीं लिखा और आज न जाने कहाँ से आयी मन-स्फूर्ति लगातार मुझे लिखने को बाध्य कर रही है। सुबह-सवेरे, सुनहरे सफेद पहाड़ों की

चोटियों से गूँजती, हरी-भरी ढलानों पर फुरकती, गोम्पा की घंटियों की आवाज़ ने नित्य प्रति के जीवन की दुनिया से मुझे उठाकर एक स्वप्न-संसार में डाल दिया है। महीनों बाद चुपचाप अपना स्वेटर और छाता उठाकर मैं घूमने चल पड़ी।

सुबह की ओज़ोन भरी हवा में चीड़ की सुगन्ध और एक ठंडी चुभन थी। सिक्किम दरबार के गार्ड रूम से नीचे बाज़ार चौक से उठती धुंध के बीच लेपचा कुलियों की कतारों ने सामान लाना-ले जाना शुरू कर दिया था। सामान के बोझ से सड़क के समानान्तर झुकी, पट्टू के टुकड़ों मात्र से ढकी, पीठ के नीचे अनावृत मज़बूत पाँवों की अविराम गति। अनन्त काल से न बदले जीवन की अर्थहीनता की पूर्ण अवहेलना में उठती उनके सामूहिक गान की स्वर लहरी। ग्रीन होटल की चिमनी से सुबह का पहला धुआँ उठ रहा था। चौक के आख़िरी सिरे पर लगे कुन्दों पर धूल भरे लम्बे बालों वाले दो विशालकाय याक बँधे थे। उनके पास एक बहुत चौड़े किनारे वाला हैट पहने बैठा, अपने पाइप को सुलगाता बूढ़ा तिब्बती मुझे देखकर खड़ा हो गया। याक मक्खन से चिपड़े उसके झुर्री भरे चेहरे की खुरदरी खाल याकों की खाल जैसी ही सख़्त लगती थी।

"नाथू ला?" धुंध में विलीन होते ऊपर चढ़ते रास्ते की ओर हाथ उठाकर मैंने पूछा।

"नाथांग जायेगा।" चेहरे की सख़्त खाल के बिलकुल विपरीत उसकी मुसकराती भंगिमा और आवाज़ में एक सरल मुलायमियत थी।

एक उमंग आज मेरे मन में भर रही है। इसमें इन पहाड़ों और पेड़ों से ओतप्रोत एक ख़ुमारी है। पेड़ों पर जाग रही चिड़ियाँ अपनी पहली उड़ान की तैयारी कर रही हैं। पेड़ों से ऊपर, सुबह की धूप में गुलाबी, इन विशाल बर्फ़ीली चोटियों के अनुपम सौन्दर्य और विराट स्वरूप के सम्मुख मैं प्रार्थना-भाव से झुक जाना चाहती हूँ। पर अब कितने वर्षों से प्रार्थना करना भूल चुकी हूँ। अपने बालों में रोडोडेन्ड्रौन के फूल लगाये दो नेपाली स्त्रियाँ एक हाथ में पूजा की थाली उठाये सड़क पार के मन्दिर की घंटी बजा रही हैं। समय का अन्तहीन, शान्त, सरल प्रवाह। कितने वर्षों बाद आज मैं अपने भीतरी और बाहरी संसार से अपने आप को सरल समन्वित रूप में जुड़ा अनुभव कर रही हूँ।

गंगटोक आने पर कितने उत्साह से मैंने विनय के साथ सुबह घूमना शुरू किया था। फिर क्यों वह धीरे-धीरे अपने आप बन्द हो गया? इस सुबह का शांत सौंदर्य जिसमें मेरे अंतरतम स्वर उमड़ आते हैं, विनय की लगातार चलती बातों के प्रवाह में अपना सौंदर्य खो देता है। वह सवाल पूछता है। जवाब देता है। हर चीज़ पर अपना मत ज़ाहिर करता है बजाय इसके कि जीवन की हर चीज़ को, पहाड़ों और फूलों और पक्षियों को, अपने नैसर्गिक रूप में शांत भाव से स्वीकार करे। पर ऐसा तो तब ही हो सकता है जब हर चीज़ की असलियत को बौद्धिक वाचालता की विकृति से बचाकर, आदर और सद्‌भाव की भावना से उसके सीधे रूप में देखा जाये। जब हम

पेड़ों, पत्थरों और फूलों से उन्हें तोड़ने और ठोकर मारने के अपने दुर्व्यवहार की क्षमा माँग सकें। पर यह सब तो शायद मेरी कल्पना और आशा की निरी उड़ानें मात्र हैं?

ऊपर की चोटी पर बने बौद्ध गोम्पा के घड़ियाल की आवाज़ तिब्बतौलोजी इंस्टिट्यूट के लॉन में गूँज रही थी। धम्म! धम्म! धम्म! मुझे यह ताल अच्छी लगती है। वर्षों पहले बौद्धगया में पहली बार सुनी थी। तभी से अच्छी लगती है। धम्म! धम्म! धम्म! कोई परिवर्तन नहीं। कोई उतार-चढ़ाव नहीं। घड़ी के पैंडुलम की तरह एक सधी, अविचल, पूर्व निर्धारित गति। लन्दन में मेरे आख़िरी साल हमारे घर से कुछ दूर तिब्बती विस्थापितों ने एक गोम्पा बनाया था। और रोज़ सुबह उसके कांसे के विशाल घंटे की आवाज़ मैं सुनती थी। लन्दन और सिक्किम के फूलों में कितनी समानता है। खिलने के मौसम में महीने भर का अन्तर। इंस्टिट्यूट की क्यारियों में आइरिस और हरसिंगार की बहार है। पापा ने कितना सुन्दर गुलदस्ता मुझे दिया था जब मेरी आठ लाइन की पहली कविता एक अंग्रेजी पत्रिका में छपी थी। दस वर्ष से अधिक हमने वहाँ गुज़ारे पर पापा लंदन में कभी खुश नहीं रहे। प्रैक्टिस थी, दोस्त थे, कालेज के दिनों से चली आती जान-पहचानें थीं। ममी तो बहुत पहले ही गुज़र गयीं थीं। उन दस वर्षों में कितनी बार हम वापस भारत आये! मेरी छुट्टियों के दिनों में। पापा कहते थे कि वे मुझे भारत से परिचित रखना चाहते हैं। पर उनका अपना मन भी तो यहीं बसा था। इसे अब मैं कितने स्पष्ट रूप से देख पाती हूँ।

"डीईटि" क्यारियों से पीछे भारतीय पोलिटिकल एजेंट जगन्नाथ की गहरी आवाज़ थी। मेरे नाम को इसी रूप में पुकारने वाले सिर्फ वे ही हैं "अकेला घूमती हो। वैल! तुम्हारी जैसी सुन्दरी के लिए भी गैगंटोक इज़ क्वाइट सेफ।"

पचपन वर्षीय अविवाहित जगन्नाथ की शायद यह आख़िरी पोस्टिंग है। गंगटोक में मेरे एकमात्र मित्र। वह भी चोरी-छिपे क्योंकि विनय के बॉस हैं और बॉस के प्रति विनय की विनम्रता दफ्तर के बाद भी बहुत दूर तक जाती है। लेकिन बिना कुछ कहे हम एक दूसरे को समझते हैं। मित्र हैं। विनय की अनुपस्थिति में हम लन्दन की बातें करते हैं। जगन्नाथ आठ वर्ष लन्दन रह चुके हैं। "लन्दन कॉस्मोपौलिटन शहर है। दिमाग़ को खोलने, विकसित करने वाला अनुभव है। विनय का एक पोस्टिंग लन्दन होना चाहिए।" जगन्नाथ ने मुझसे एक बार कहा था।

"व्हैन बीस्ट इज़ अवे, द् ब्यूटी प्लेज़। जगन्नाथ ने कहा, "परसों बौर्डर रोड्स की पार्टी में प्रिन्सेस रोप ला तुम्हें ढूंढ रही थीं। और तुम लॉन में गायब।"

"लॉन से गंगटोक की रोशनियाँ देख रही थी।"

"बिना ह्यूमन कॉन्टैक्ट के सब ख़ूबसूरत फीका है।" जगन्नाथ की गहरी आवाज़ उनकी आँखों की हल्की शरारती चमक नहीं मिटा सकी।

"प्रिन्सेस रोप ला ने फेन्सांग नर्सरी में आरकिड्स देखने के लिए मुझे आमंत्रित किया है।" मैंने कहा।

"आरकिड्स का सैकड़ों किस्म मैंने पिछला हफ्ता नार्थ सिक्किम में देखा। सड़क एकदम कच्चा है। शाम को हमारा लैण्ड-रोवर ब्रेक डाउन हो गया। रात बौर्डर रोड कर एक कैम्प में गुज़ारा। माई बैस्ट नाइट इन सिक्किम। सुपर्ब व्यू। चारों ओर बेशुमार आरकिड्स और ठीक सामने कंचनजंगा का सन-राइज़। कैम्प का बॉस समरेश कल रात मुझे मिलने आया था।" फिर मेरी ओर एकदम सीधी निगाह से देखकर जगन्नाथ ने कहा, "समरेश बोलता था कि बौर्डर रोड हैडक्वार्टर के लॉन से गंगटोक का रोशनी बहुत अच्छा लगता है।"

मेरे चेहरे पर झलक आयी ललाई जगन्नाथ की निगाहों से छिपी नहीं थी। "गुड मैन माई गर्ल। बहुत बढ़िया आदमी है। वैरी इन्टैलिजेन्ट एण्ड वैरी सैंसिटिव। उत्तरी सिक्किम पर मोहित। आधी रात तक मैं उससे बात करता रहा। गुड ह्यूमन कॉन्टैक्ट हैज़ सच पावर आफ लाइफ।"

गोम्पा का घड़ियाल बजना बन्द हो चुका था। जब तक मैं घर पहुँची, धूप तेज़ हो गयी थी। जगन्नाथ ने कहा था कि विनय दोपहर की फ्लाइट से बागडोगरा पहुँच रहा है। शाम तक घर पहुँच जायेगा। इस क्षीण पड़ते सम्बन्ध के बारे में अब मैं कुछ सोच नहीं पाती। विनय चाहता है कि हम अपना परिवार बढ़ायें। शायद वह सोचता है कि हमारे सम्बन्ध की गिरती दीवारों को एक नन्हा प्राणी रोक सकेगा। मैं इसे स्वीकार नहीं कर पाती। पर विनय को सुखी रखने की मैं पूरी कोशिश करती हूँ। निर्णय तो मेरा ही था—अपनी मूल प्रवृतियों के विरोध में जाने का। अपनी रूमानी समझ की कट्टर भारतीयता को अपनाने का। बेचारे विनय ने तो अपने संस्कारों, अपनी परम्परा के अनुसार अच्छे से अच्छा फैसला किया था।

कई दिनों बाद आज रात को इस बड़े पलंग पर विनय मेरे साथ होगा। लेकिन पहले जैसी समर्पण भावना में अपने को अर्पित करने के निश्चय पर मैं अब नहीं चल पाती। अचेतन से बंधी शारीरीक प्रतिक्रियाओं को मैं रोक नहीं पाती। "जानती हो मैं तुम्हारा पति हूँ। मुझे अधिकार है।" विनय ने कुछ ही सप्ताह पहले मुझसे कहा था। वह क्यों नहीं समझता कि स्वेच्छा से दिये अधिकारों के उपभोग में ही आनन्द सम्भव है। पर भिन्न प्राणियों के लिए आनन्द के भी तो कितने भिन्न स्तर हैं।

5

चीन की लड़ाई ने गंगटोक की कायापलट कर दी थी। कुछ ही महीनों में एक रूमानी पहाड़ी कस्बे की शान्ति खोकर गंगटोक का स्वरूप एक बढ़ते शहर की हड़बड़ में बदल गया। बौर्डर रोड का काम चीन से लड़ाई शुरू होने के कई वर्ष पहले शुरू हो चुका था। उन दिनों पूरे सिक्किम में हिन्दुस्तानी फौज की सिर्फ एक ही बटालियन थी। लड़ाई शुरू होने के बाद फौजी कमांड ने पूर्वी सिक्किम के नाथू ला और जलेप ला दर्रों के आसपास छांगू झील की तेरह हज़ार फुट ऊँची वृक्षहीन बर्फीली घाटी में एक पूरी डिवीज़न तैनात की। यातुंग और कलिम्पोंग के बीच चलते भारत-तिब्बत व्यापार के याक काफिलों ने सदियों से इस सबसे सीधे रास्ते को अपनाया था।

सीमापार, छुम्बी घाटी में चीनी फौजों की बड़ी छावनी थी। आशंका थी कि दुश्मन एक तेज़ धावे में इस रास्ते से नीचे उतरकर आसाम और नेफा की फौजों का रसद मार्ग काटने की कोशिश करेगा। झांगू झील से बहुत नीचे, छः हजार फुट की ऊँचाई पर लाभा और अलगोरा के जोंकों से भरे पहाड़ों में दूसरी डिविज़न थी। आर्मी कोर की तीसरी डिवीज़न एकदम नीचे सिहोक दुआर के सपाट जंगलों में फैली हुई थी, जहाँ से रसद के ट्रक अपनी अन्तहीन रेंगती कतारों में पहाड़ों पर चढ़ना शुरू करते थे।

अगले दिन सुबह आसमान बादल छाये हुए थे। समरेश का अरदली मनबहादुर जब चाय लेकर आया तो बूंदाबांदी शुरू हो गयी। बरामदे से बाहर धुंध ऊपर उठ रही थी और नीचे की सड़क उसमें छिप चुकी थी। सड़क से ऊपर जवानों के रहने की बैरकें और उनसे ऊपर दफ्तरों की सफेद पुती लम्बी बैरकें धुंध में कभी-कभी नज़र आ जाती थीं। पहाड़ी के दूसरी ओर की उतरान पर तम्बुओं में गुरखा बटालियन थी। बटालियन का बिगुल काफी देर हुए बज चुका था।

"साब इधर भोत जोंक लगता है।" मनबहादुर अट्ठारह-उन्नीस साल से अधिक उम्र का नहीं था, हालांकि भर्ती होते वक्त उसने अपनी उम्र बाईस साल लिखवा दी थी। वह नेपाल के नम्बर सात डिस्ट्रिक्ट का रहने वाला था और अपने नाटे कद के अनुपात में बहुत बड़े लगते फौजी बूटों की एड़ियाँ चटखा कर हमेशा

"ठीक ए साब" कहता था। ओ.सी. के बैटमैन बनने की आकांक्षा पूरी होने के बाद अब वह किसी तकनीकी ट्रेड में जाने के इन्तज़ार में था क्योंकि दस्तूर के मुताबिक तरक्की का सबसे सीधा रास्ता वही था।

"साब, इधर का मेजर साब को बोलने से बिलैती स्नो जैकेट मिलेगा। अपना यूनिट स्टोर का देसी जैकेट इतना गरम नहीं होता।"

हैडक्वार्टर के दफ्तर में बहुत चहल-पहल थी। सिक्किम के चारों कोनों से आये फील्ड यूनिटों के अफसर अपने कामों को निपटाने का मौका नहीं छोड़ना चाहते थे। स्टाफ आफिसर ग्रेड टू मेजर लूथरा की मेज़ पर फाइलों का ढेर लगा था।

"हमारी कन्डम तिरपालों के रिप्लेसमेंट छः महीने से नहीं मिले।" मेजर सदाशिव ने कहा, "मैंने शर्मा को सवेरे-सवेरे सिलीगुडी भेजा है। फील्ड वर्कशाप में स्पेयर पाट्र्स नहीं हैं। हमारे तीन ट्रक दो महीने से ऑफ रोड पड़े हैं। स्टोर्स के बिना हम क्या वर्क प्रोग्राम रिपोर्ट भेजें?"

एग्ज़ीक्यूटिव इंजीनियर रामन के यूनिट में बलात्कार सम्बन्धी दो कोर्ट मार्शल केस थे। यूनिट ने प्रोसीडिंग्स ठीक तरीके से नहीं भेजी थीं। सिक्किम दरबार ने 807 कन्सट्रक्शन कम्पनी के ख़िलाफ विदेश मंत्रालय को शिकायत भेजी थी। ठीक तरह से जवाब लिखना ज़रूरी था जिससे कि मामला रफा-दफा हो सके।

"हमारे महकमें में क्लर्की बहुत है। फौज वालों के मज़े हैं।" मेजर सदाशिव ने कहा, "नाथू ला रोड पर आर्टिलरी ब्रिगेड वाले तीन दिन में एक बार प्रैक्टिस फायरिंग करते हैं और बाकी दिन सुबह से शाम तक बैठकर एक-दूसरे की शक्लें देखते हैं और रम पीते हैं। चार महीनों में सबका वज़न छ-छः पाउंड़ बढ़ गया है।"

क्वार्टर मास्टर स्टोर से विदेशी स्नो जैकेट लेकर जब समरेश वापस पहुँचा तो धूप निकल आयी थी। लंच के बाद वह पहाड़ी की ऊपरी पगडंडियों की राह बस्ती की ओर चल पड़ा। आसमान साफ था और दोपहर के ढलते सूरज की धूप बहुत सुहानी लग रही थी। उस ऊँचाई से उत्तर की ओर जाती सड़क बहुत दूर तक दिखाई दे रही थी। एक जगह पहाड़ टूटने से सड़क बन्द थी। बन्द सड़क के दोनों ओर फौजी ट्रकों के लम्बे कॉनवाय रुके हुए थे। पीले रंग के दो विशालकाय बुलडोज़र सड़क साफ करने की कोशिश में थे। सूरज की रोशनी में सड़क से नीचे के खेतों का पानी शीशे की तरह चमक रहा था।

पहाड़ी की दक्षिण धार पर स्थित बस्ती की ओर चलते-चलते समरेश देखता गया कि समूची ढलानें फौजी तम्बुओं से भरी हैं। हवाई हमले से बचाव के एहतियात में तम्बू बस्ती से दूर पहाड़ी की ऊँचाई पर काफी फैलाव में लगाये गये थे। तम्बुओं से नीचे, सड़क़ तक पहुँने के लिए सैकड़ों पगडंडियाँ काटी गयी थीं जिन पर सामान ढोने वाले खच्चर चढ़-उतर रहे थे। पगडंडियों पर आते-जाते लोगों के अलावा तम्बुओं से बाहर कोई फौजी नज़र नहीं आता था क्योंकि तम्बुओं के

आसपास समतल जगह बहुत कम थी। नीचे सड़क के किनारे पर, जहाँ ऊपर से पत्थर लुढ़क आने का अन्देशा नहीं था, वहाँ ऊपर वाले यूनिटों के ट्रक और जीपें खड़ी थीं। बहुत-सी गाड़ियों के बोनेट खुले हुए थे। कई दिन बाद चटखी धूप में हरी डांगरियां पहने ड्राइवर लोग अपनी-अपनी गाड़ियों की सफाई कर रहे थे।

गंगटोक की बस्ती सत्तर-अस्सी दुकानों के बाज़ार के चारों ओर फैली थी। पिछले साल बड़ी संख्या में फौजियों के आ जाने पर मुख्य बाज़ार से कुछ परे मोटरों की सड़क के किनारे-किनारे नयी दुकानें खुलती गयी थीं और बस्ती का आकार अब काफी बेडौल हो गया था। कुछ रंग-बिरंगी तिब्बती और सिक्किमी पोशाकों को छोड़, फौजी वर्दियों के हरे रंग से बाज़ार और चाय की दुकानें भरी हुई थीं। पुराने बाज़ार की दुकानों के बीच चौकोर पत्थरों से पटी सड़क काफी चौड़ी थी। सड़क के बीचोंबीच कुछ औरतें ठेलों पर सब्जियाँ बेच रही थीं। ठेलों से कुछ आगे बहुत से खच्चर बंधे थे। समरेश अख़बारों और पत्रिकाओं की दुकान की ओर बढ़ गया।

"ए भाई साहब! हमको एक मनोरंजक पुस्तक चाहिए।" एक फौजी जवान पुरबिये लहज़े में दुकानदार से कह रहा था। उसने अपना जंगल हैट उतारा हुआ था। समरेश ने देखा कि उसके सिर पर काफी बड़ी चोटी थी। मनोरंजक पत्रिकाएँ दुकान के पिछले हिस्से में किताबों के पीछे छिपाकर रखी गयी थीं और उनकी कीमतें भी काफी थीं। समरेश ने दैनिक अखबार और कुछ पत्रिकाएँ आर्डर की और अपने यूनिट का नम्बर बताकर दुकानदार से कहा कि उन्हें बौर्डर रोड के डाक ट्रक द्वारा नियमित रूप से भेज दिया करे।

काफी देर तक बाज़ार के एक सिरे से दूसरे सिरे तक चक्कर लगाने के बाद वह तिब्बतोलौजी इंस्टिट्यूट की ओर चल दिया। लेकिन ऊपर पहुंचने तक इंस्टिट्यूट बन्द हो चुकी थी। अन्यमनस्क रूप से भारतीय पोलिटिकल एजेंट के बन्द दफ्तर के पास घूमते हुए ख़्याल आया कि चौकीदार से दिप्ति का घर पूछा जाए।

घर दूर नहीं था। कम्पाउंड की लकड़ी की फैन्स का दरवाज़ा खोलकर वह छोटे गोल पत्थरों की सड़क पर मकान की ओर बढ़ गया। घर का सामना ऊपर की सड़क से दूसरी ओर घाटी की तरफ था। शाम की आख़िरी धूप सामने की पहाड़ी पर रुमटेक गोम्पा के शिखर पर थी। कन्धों पर छाये उसके खुले काले बाल कुर्सी से नीचे लॉन तक झूल रहे थे। आँखों में काजल की हल्की रेखा के अलावा चेहरे पर कोई मेकअप नहीं। पिछली शाम पार्टी में भी नहीं था। डूबते सूरज की अन्तिम किरणों में दमकती नीली साड़ी से ऊपर खिल आया गेहुआँ चेहरा। आहट सुनकर समरेश की ओर देखा और उठ खड़ी हुई।

"मेरा मन कह कहा था कि आप आज आयेंगे।"

"आपने तो बुलाया नहीं मैं खुद ही चला आया।" और तब समरेश को ख़्याल

आया कि पिछली शाम दिप्ति ने 'तुम' और 'आप' को जो विश्लेषण किया था वह शायद निमंत्रण ही था।

"मन हो तो संयोग अपने आप निकल आता है। बोलिए, क्या ग़लत कह रही हूँ।" दिप्ति ने कहा, "कल शाम बाहर लॉन में गुजारे वक्त के सिवा बाकी पार्टी तो बिलकुल बेरस थी।"

सरलता से कहे सीधे निर्भीक कथन की ताज़गी को वह सराहे बिना न रह सका। "आपको मैस हॉल में लौट जाने की बहुत जल्दी थी। पर मैं देखती रही थी कि आपको पार्टी में कुछ मजा नहीं आया।"

"और मैं देखता रहा कि आप पार्टी की जान थीं। सारा झुण्ड तो आपके आसपास ही मँडरा रहा था। फिर कहती हैं कि पार्टी बेरस थी। आपका मन तो न्यूयार्क के मौसम की तरह..."

समरेश की बात अनसुनी कर दिप्ति कहती गयी, "मैं कल सोच रही थी कि जापान में गीशा युवतियों को पुरुषों से चपल बातें करने का चातुर्य सिखाया जाता है। और हमारी पार्टी में पुरुषों से बातें करने में असमर्थ अधिकतर महिलाएँ सोफा-सेटों पर ही जमी रहीं। अगर आज भी स्त्री केवल पुरुष के सहारे ही जी सकती है तो पुरुष को रिझाने की कला को ही परिष्कृत किया जाए।"

उपमा की तीव्रता में निर्भीक यथार्थ की तेज़ी थी। पर उसके साथ ही असंयमितता की एक झलक भी। आंतरिक द्वन्द्व का आभास था।

समरेश ने कहा, "ज़िन्दगी में बहुत गहराई ढूंढने से क्या फायदा। आख़िर में तो सभी एक ही अन्त यानी शून्यता पर पहुँच जाते हैं।"

"तो फिर कुछ न करें! निष्क्रीय रूप से जीते जायें!" दिप्ति बोली, "वे सब लोग क्या आपको बहुत सुखी नज़र आ रहे थे?"

"मुझे तो आप भी बहुत सुखी नज़र नहीं आ रहीं।" समरेश ने कहा, "दर्द अपने मन में हो तो दुनिया को दोष देने से क्या फायदा। आपने हिरन और कस्तूरी की कहानी सुनी है?"

"आप मेरा मज़ाक बना रहे हैं। छोड़िये! सच्ची बात बोलने का यही ख़तरा है।" लेकिन वह बुरा नहीं मानी थी। एक कमज़ोर क्षण में मिले सहानुभूतिपूर्ण अजनबी से मन में भरी बातें कर पाना अस्वाभाविक नहीं था। उसमें निष्पक्ष संवेदना की सम्भावना थी। भावनाओं के भार को बोल कर ही तो हलका किया जा सकता है।

सूरज डूब चुका था। अँधेरा घिरता जा रहा था। थोड़ी देर तक हम चुपचाप बैठे रहे। रुमटेक गोम्पा के शिखर पर लक्षित समरेश की निगाहें फिसलकर बार-बार दिप्ति के चेहरे पर आ जाती थीं। वह उसके सुन्दर चेहरे को देखता रहा। सुगठित रूपवती युवा स्त्री। पश्चिमी संसार के उद्यमशील पुष्ट जीवन के अपने अनुभवों और जन्मजात भारतीय संस्कारों के पारस्परिक विरोध में उलझी।

"मुझे उन स्त्रियों से ईर्ष्या है। अगर मैं चुपचाप एक पूरी शाम सोफा-सेट पर शान्ति से बैठकर बिता सकती तो ज़िन्दगी कितनी आसान होती।"

"आप ठीक कह रही हैं। कसीदे काढ़िये। स्वेटर बुनने की कोशिश कीजिए!"

लेकिन इस बार मज़ाक में बात उड़ाने के उसके प्रयत्न की उपेक्षा कर वह चुपचाप सामने की पहाड़ी पर रुमटेक गोम्पा की बत्तियाँ देखती रही। नौकर ने आकर कहा कि अन्दर मेज़ पर चाय रख दी है।

"जीवन की मुसीबतों से डरकर परिस्थिति के अनुकूल ढल जाना तो जीते जी आत्महत्या है।" अन्दर कमरे की मेज़ पर रखे प्यालों में चाय डालते हुए दिप्ति ने कहा।

"मध्यम मार्ग से चलिए। एक तिब्बती कहावत है कि ज़िन्दगी अगर बहुत लम्बी नहीं तो बहुत छोटी भी नहीं है।" कमरे की रोशनी में उसके गम्भीर चेहरे को देखते हुए समरेश ने कहा, "पश्चिमी जीवन में बहुत तेज़ भागने का कायदा है। तेज़ भागने से ज़िन्दगी का ज़ायका महसूस करने का मौका ही नहीं मिलता। और ज़ायका शायद चीज़ों में नहीं बल्कि हमारी अपनी अनुभव क्षमता में है जो हमें गहराई तक किसी चीज़ को महसूस करने देती है।"

दिप्ति चुप रही। अपने पल्लू के सिरे को अंगुली पर लपेटती और खोलती वह चुपचाप खिड़की से बाहर देखती रही। कमरे की एक पूरी दीवार किताबों से भरी शेल्फों से ढकी थी। ताज़े फूल दो बड़े गुलदानों में महक रहे थे।

"वर्षों पहले ऐसी ही बात सुनी थी कि भावनात्मक स्तर पर हम जो अनुभव कर पाते हैं वही वास्तविकता बन जाती है। ठीक याद है फरवरी की वह रात जब मैंने तय किया था कि परिवार द्वारा स्थिर विवाह-सम्बन्ध स्वीकार करूंगी।"

फिर सहसा सीधे समरेश की ओर देखकर उसने कहा, "कलकत्ता से लौटते समय फरक्का घाट के स्टीमर पर मैंने आपको देखा था। आप भी मुझे देख रहे थे। कलकत्ता मुझे अच्छा लगता है।"

फिर कुछ देर चुप रह कर दिप्ति कहती गयी, "उस फरवरी की शाम को कलकत्ता से कुछ मील दूर के उपनगर-गाँव बरासात में एक वयोवृद्ध दम्पति का निमंत्रण था। शहर से बाहर बंगाल की हरी-भरी उर्वरा भूमि में सड़क के किनारे पेड़ों से घिरे छोटे-छोटे घर। शाम के बढ़ते अंधकार में पेड़ों के गहरे पड़ते आकारों को घरों से उठते धुएं में विलीन होता मैं देखती रही। जाड़े के मौसम का अन्त आ रहा था। हवा में अभी भी हल्की ठण्ड का आभास था। चलती कार में सड़क के किनारे लाल साड़ी पहने खड़ी एक नववधु का चेहरा झलक आया। काजल, सिंदूर, माथे की लाल बिन्दी, और चूड़ियों भरे हाथ शाम के धूमिल वातावरण में मेरी आखों घूमते रहे। छोटे उपनगर की नववधु। कैसा पति होगा? पहले तो वह उसको जानती भी न होगी। विवाह के बाद पति-पत्नी ने परस्पर सम्बन्ध कैसे स्थापित

किया होगा? दुनिया के शहरों की आक्रामक सभ्यता से दूर नैसर्गिक वातावरण की सरलता उन प्राणियों के जीवन का अभिन्न भाग होगी।"

"रोमांटिक कल्पना और सच्चाई में काफी फासला हो सकता है।" समरेश ने कहा।

उसकी बात अनसुनी कर वह कहती गयी, "उस शाम वयोवृद्ध दम्पति घर में अकेले थे। मैं रात वहीं बिता रही थी। खाने के बाद ड्राइंग रूम में रेडियो पर संगीत सुनते समय मैं दीवान पर पांव ऊपर कर लेट गयी। बाद में जब मैं अपने कमरे की ओर जा रही थी तब प्रौढ़ा पत्नी ने अलग ले जाकर कहा कि पुरुष की ओर पांव कर लेटना स्त्री के लिए उचित नहीं है। सुनकर मैं सन्न रह गयी। उन दोनों को मैं बचपन से जानती थी। उनकी परस्पर शालीनता मेरे भारतीय अनुभव का अभिन्न भाग बन चुकी थी। पर इस युग में पुरुष की ओर पांव न करने की बात! जैसे स्त्री पुरुष की दासी हो।"

"उस रात मैं बहुत देर तक नहीं सो सकी। सोचती रही कि शायद मैं ग़लत रास्ते पर थी। बराबर अधिकारों की आक्रामक मांग से वह शान्त सौन्दर्य नहीं पाया जा सकता। शायद वे वृद्धापत्नी सदियों से परिष्कृत होते उन संस्कारों पर चल रही थीं जिसमें स्त्री केवल अपने आचरण की गरिमा को महत्व देती है।"

समरेश चुप नहीं रह सका। "आधी शाम तो आपने कार में बैठे-बैठे रूमानी कल्पनाएँ की। रही कसर बौद्धिक ताना-बाना बुनकर पूरी कर ली। ऐसे ही तर्कों की ओट में पुरुष ने आदिकाल से चली आ रही मातृ-सत्ता की परम्परा को तोड़कर स्त्री को सिखाया तुम कोमल हो। श्रृंगार करो और पुरुष को रिझाओ। पुरुष की छाया में ही तुम्हारा जीवन सम्पन्न हो सकता है। क्या मैं सुन्दर हूँ? अब यही स्त्री-जीवन का पहला प्रश्न है।"

"आप सौन्दर्य के विरोधी हैं?"

"बिलकुल नहीं। पर स्त्रियों पर थोपे गए सौन्दर्य के झूठे मापदंडों ने स्त्री को पालतू पशु के स्तर पर उतार दिया है और उसे सेक्स को एक हथियार की तरह इस्तेमाल करना सिखाया है। स्त्री सुन्दर होनी चाहिए। पुरुष क्यों नहीं? आप जानती हैं कि पशु और पक्षी संसार में नर स्वाभाविक रूप में मादा से अधिक सजीला है। और जीवन की भौतिक परिस्थितियों से जूझ सकने की क्षमता में मादा नर से किसी तरह कम नहीं है।"

"तो आप चाहते हैं कि मनुष्य पशु संसार का अनुयायी बने?" दिप्ति ने कहा। उसके चेहरे पर हल्की मुसकान खिल आयी थी। परिहास का पासंग अब उसकी ओर था। "आप ठीक कहते हैं। पुरुष तो हमेशा ही पशुओं के साथी बनने की कोशिश में रहते हैं।"

"जंगल में रहकर पशुओं से बैर!" समरेश ने कहा।

दिप्ति हँस पड़ी। फिर सीधे उसकी ओर देख समरेश ने कहा, "कल आप

हिन्दी और अंग्रेजी के सम्बोधन शब्दों की बात कर रही थीं। अंग्रेजी के 'यू' के स्थान पर नाम लेकर भी पुकारा जा सकता है। पर नाम बोलने के कई ढंग संभव हैं। खास तौर पर आपके जैसे सुन्दर नाम के।"

दिप्ति कुछ क्षण चुप रही। जैसे कि शब्दों की अतंध्वनि ग्रहण करने में कुछ समय लगा हो। और फिर एक हल्की मुस्कान उसके चेहरे पर खिल आयी। "दिप्ति मां को दिया नाम है। अंग्रेजी भाषा की उलझन में अपने उच्चारण संस्कार खोये लोग इसे ठीक तरह नहीं पुकार पाते।"

काफी देर हो चुकी थी। खिड़की से बाहर रात घिर आयी थी। कुछ देर तक वे दोनों चुपचाप बैठे रहे। "भाषा के अनुसार ठीक शब्द है दीप्ति यानी प्रकाश, छवि, द्युति, कांति, आभा। उसका सौम्य अपभ्रंश है दिप्ति।" समरेश ने कहा। "सही उच्चारण का तरीका बांसुरी बजाने के समान है। गले से फेंकी हवा को मुँह के अलग-अलग भागों में रोक-रोक कर छोड़ने से ध्वनि स्वर बनते हैं।" फिर कुछ बढ़ते साहस से उसके लिपिस्टिक-हीन लाल ओंठों को देखते हुए समरेश ने कहा, "दीप्ति कहने के लिए सिर्फ जिव्हा और तालुव्य काम में आते हैं। दिप्ति के लिए ओंठों का प्रयोग अनिवार्य है।"

कुछ क्षणों की अस्थिर शान्ति में उसकी ओर देखने का साहस वह नहीं कर सका। दिप्ति अपनी कुर्सी से उठ खड़ी हुई। फिर अचानक उसकी ओर देखकर दिप्ति ने कहा, "आप जानते हैं कि मनुष्य सहसा कोई महत्वपूर्ण निश्चय कैसे कर लेता है?"

"सिक्का उछालकर। चित्त और पट के आधार पर।" समरेश ने कहा।

दिप्ति के चेहरे पर मुस्कुराहट लौट आयी, "आप हर चीज़ को उपहास में उड़ा देते हैं। यही ठीक है। मुझे भी सीखना चाहिए।"

"आप तो अपने अनुभव से सीखने की बात कर रही थीं?"

"किसी बात को सुनने और समझने को क्या आप अनुभव नहीं मानते? अच्छा बताइए आज के दिन क्या-क्या हुआ जिसे आप अनुभव मानेंगे।"

खिड़की से बाहर आसमान में तारे निकल आये थे। बारिश से धुली हवा से ऊपर गहरे आसमान में जगमगाते तारे बहुत पास लग रहे थे। आकाश-गंगा आतिशबाज़ी के फुहारों के समान आसमान में फैली थी।

"हर रात सोने से पहले मैं अनुभवों की फेहरिस्त बनाता हूँ। गहरे अनुभवों को एक फाईल में लगा देता हूँ जो वक्त-बेवक्त अपने आप खुलकर सामने आ जाती है। आज तो लगता है कि एक नयी फाइल खोलनी पड़ेगी। आपके पास कोई मज़बूत फाइल तो नहीं है? शायद अमेरिका से लाई हों"

दिप्ति हँस पड़ी। "उत्तरी सिक्किम के जंगल प्रवास ने आपको बहुत शैतानी सिखा दी है! आप का जंगल देखने आना ही पड़ेगा। सुना है कि सिंघिग डाक

बंगले से कंचनजंगा का सूर्योदय बहुत सुन्दर लगता है।"

"आयेगीं! सचमुच!" सम्भावना की लहर समरेश के मन में तेज़ी से दौड़ गयी। एक मिनट के मौन में दिप्ति के चेहरे पर झलक आयी लालिमा से समरेश को लगा कि उसकी आवाज़ की लड़खड़ाहट दिप्ति ने लक्षित कर ली थी।

"देखिये! विनय लौट आयेंगे तो कहूँगी कि प्रोग्राम बनाएं।" दिप्ति ने रुकती सी आवाज़ में कहा।

रात के अंधेरे में वापिस लौटते समय समरेश को ख़याल आया कि सारी शाम दिप्ति ने विनय की कोई चर्चा न की थी। केवल अन्त में। उसके प्रश्न के उत्तर मात्र में। शायद केवल एक आवरण स्वरूप में।

6

उत्तरी सिक्किम में सड़कें बनाने का काम उस साल बहुत धीमा पड़ गया था। अक्तूबर की लड़ाई के बाद फौजी कमाण्ड ने बौर्डर रोड को आदेश दिया कि अट्ठारह हज़ार फुट ऊँचे डोंगकुंग और डोंक्या ला दर्रों तक बनायी जाने वाली सड़कों का काम बन्द कर दिया जाये। दुबारा लड़ाई शुरू होने की सम्भावना वातावरण में भरी थी। उत्तरी सिक्किम में तैनात आसाम राईफल्स की एकमात्र बटालियन दुश्मन के हमले को रोकने के बजाय उसकी रफ्तार को धीमा कर सकने मात्र के लिए ही काफी थी। लेकिन उत्तरी सीमावर्ती दर्रे बहुत ऊँचे थे और उन तक पहुंचने वाली सड़कें न बनाये जाने पर दुश्मन का कोई बड़ा हमला उत्तरी सिक्किम से आ सकने की सम्भावना कम समझी गयी थी।

बरसात शुरू होने पर बौर्डर रोड के यूनिटों को हिदायत दी गयी कि बन चुकी सड़कें हर हालत में खुली रखी जायें। इनफैन्ट्री के यूनिट और अग्रिम दस्ते शीघ्र नोटिस पर एक से दूसरी जगह भेजे जा रहे थे। सड़क खुली रखने के लिए बुलडोज़रों को नयी सड़क काटने के काम से हटाकर चुंगथांग तक कच्ची बन चुकी सड़क पर फैला दिया गया था जिससे कि बरसात में पहाड़ और पत्थर टूट कर गिरने पर जल्दी से रास्ता साफ किया जा सके। उस साल बुलडोज़रों के ड्राइवरों ने बरसात में लुढ़कते पत्थरों का खतरा झेलकर सड़क खुली रखने का रिकार्ड कायम किया। बरसात का मौसम ख़त्म होने तक उत्तरी सिक्किम सड़क पर तैनात तीन बुलडोज़र अपने ड्राइवरों समेत बरसाती पत्थरों की चपेट में आकर तीस्ता घाटी की गहराइयों में विलीन हो गये थे। आसाम राईफल्स का हैडक्वार्टर समरेश के कैम्प से आठ मील आगे चुगथांग घाटी में था जहां तीस्ता नदी दो धाराओं में विभाजित होकर तिब्बत सीमावर्ती लाचेन और लाचुंग घाटियों में ऊपर उठती जाती है। लाचेन तिब्बत सीमा पर स्थित अट्ठारह हज़ार फुट ऊँचे डोंगकुंग दर्रे की राह का आखिरी गांव है। दिन भर बूंदाबांदी में लगातार पच्चीस मील चलकर शाम को वे लाचेन डाकबंगले पहुंचे थे। मनबहादुर समरेश के बूट खोलने के बाद चाय का बंदोबस्त करने चला गया था।

"साब! डोंगकुंग दर्रे पर बैठी आसाम राईफल्स वालों की चौकी दुनिया की सबसे ऊँची चौकी कही जावे है।" सुपरवाइज़र रामदत्त राम ने कहा।

"यहाँ से कितनी दूर है?" समरेश ने पूछा।

"अनेक पड़ाव का रास्ता है साब! लेकिन अब तो ऊपर की सड़क का प्रोग्राम कैन्सिल सुना है। इस मौसम में वहाँ जाना ठीक नहीं साब।"

दिन भर के सख़्त मार्च का अभिप्राय सफल होने का सन्देश महार रेजिमेंट के भूतपूर्व सूबेदार और 670 कन्सट्रक्शन कम्पनी के वर्तमान ग्रेड वन सुपरवाइज़र रामदत्त राम के साथ फौज में तीस साल गुज़रे चेहरे पर लिखा था।

"ठीक है। आगे जाने की ज़रूरत नहीं। कल वापस अपने कैम्प लौटेंगे।" समरेश ने कहा।

कम्पनी की कमांड सम्भालने और पूरा कामकाज समझने के बाद समरेश ने रामदत्त राम के साथ उत्तरी इलाके का दौरा करने का प्रोग्राम बनाया था। कम्पनी के सबसे सीनियर सुपरवाइज़र रामदत्त राम का कम्पनी के जवानों पर रुतबा था। "बहुत हेकड़ आदमी है साब।" उसे बताया गया था।

टास्क फोर्स हैडक्वार्टर से थोड़ा आगे जीप का शाफ्ट टूट जाने पर समरेश ने पैदल मार्च करना तय किया। मेन्शीथांग पहुंचते-पहुंचते बादल घिर आये और लंच के लिए रुकने के बदले वे लगातार चलते रहे थे। ओहदे से अप्राप्य सम्मान को सख़्त मार्च के पुरुषार्थ ने जीत लिया था। शायद ऐसा मूल्यांकन उस बीहड़ पहाड़ी प्रदेश में अवश्यंभावी था।

अगले दिन सुबह आसमान साफ था। शुभ्र बर्फ से ढकी चोटियां तेज़ धूप में चमक रही थीं। सेब के बागों से भरी लाचेन उपत्यका के ऊपर वृक्षहीन क्षेत्र के सिरे पर भोज के पेड़ थे। लाचेन से वापिस लौटते हुए ढलती उम्र के विशालकाय रामदत्त राम ने कम्पनी में गुज़रे पिछले वर्षों के अपने अनुभव समरेश का सुनाये। औपचारिक सही व्यवहार का स्थान अब एक नम्र आत्मीयता ने ले लिया था।

चीड़ के घने जंगल में उतरती सड़क के एक तेज़ घुमाव के बाद संकरी घाटी में बहुत नीचे बहती लाचेन धारा पर लोहे का फौजी 'बेली ब्रिज' बना था। पुल के पास कई जगह सड़क सिर्फ दो-तीन फुट ही चौड़ी थी। पहाड़ की गहराईयों में बहती लाचेन धारा की गरज से घाटी गूँज रही थी।

तिब्बती स्त्री-पुरुषों के अनेक समूह सड़क चौड़ी करने में जुटे हुए थे। थोड़ी-थोड़ी दूर पर मज़दूरों के रंग-बिरंगे तम्बू थे जिनसे तिब्बती प्रार्थना झंडियों की कतारें लहरा रही थीं। सड़क पर काम करती एक स्त्री ने सेब की तरह लाल चमकते मुँह वाले अपने बच्चे को खड्ड में गिरने से बचाने के लिए बच्चे की कमर में सड़क की चौड़ाई बराबर लम्बी रस्सी लपेटकर उसे एक खूंटे से बांध दिया था। कई युवा स्त्रियां खुली धूप में निस्संकोच भाव से अपने कपड़े उधाड़े मुस्कुराती हुई अपने बच्चों को स्तनपान करा रही थीं।

"इन तिब्बतनियों को बिल्कुल हया-शरम नहीं।" रामदत्त राम बोला, "रात को छांग-तूम्बा पीकर ऐसी रंगरेलियां मचावे हैं कि होश नहीं। अपनी यूनिट कैंटीन की

आधी रम तो तिब्बती लेबर कैम्प में पी जावे है।"

अगले महीनों अपने निरीक्षण दौरों में तिब्बती कैम्पों के अनेक छोटे बच्चों के नाक-नक्श को देखकर समरेश को संदेह नहीं रह गया था कि उनके अनेक जवानों ने भारत-तिब्बत मैत्री को स्थायी रूप से बढ़ाने में महत्वपूर्ण सहयोग दिया था।

लाचेन गांव से दस मील नीचे रोडोडेन्ड्रौन के जंगलों से घिरी मेन्शीथांग घाटी में 705 कनस्ट्रक्शन कम्पनी की लकड़ी की बैरकें फैली हुई थीं। बैरकों से नीचे मैदान में फुटबाल के गोलपोस्ट खड़े थे। मैदान के पास अफसर मैस में कम्पनी के ओ.सी. मेजर सदाशिव के तेज़ बर्फानी हवाओं से झुलसे चेहरे पर साइकिल के हैंडिल जैसी लम्बी मूंछे फैली थीं।

"चीनी हमले ने हमें डोंक्या ला और डोंगकुंग की बर्फो से बचा लिया। हमें तो दिसंबर में ही ऊपर मार्च करने का हुक्म था।" मेजर सदाशिव ने कहा।

"यहां तो आप स्वर्ग में बैठे हैं।" समरेश ने कहा, "हमारे कैम्प में तो फुटबाल क्या वौलीबॉल फील्ड के लिए ज़मीन नहीं।"

"स्वर्ग तो आप पिछले साल की बाढ़ में यहां देखते सर!" मेजर सदाशिव के सैकिंड इन कमांड सत्ताईस वर्षीय असिस्टेंट एग्जीक्यूटिव इंजीनियर शर्मा ने पक्के रोहतगी लहज़े में कहा, "अगर आप लाचेन से ऊपर ग्लेशियर के पास नीली झीलों तक जाते तो अंदाज होता कि बाढ़ ने हमारे कैम्प में क्या कहर ढाया था। हम तो जैसे एक दूसरी ही ज़िन्दगी जी रहे हैं।"

"अपना पक्का कैम्प तो लाचुंग से पांच मील ऊपर देवदार के जंगल में बन रहा था।" शर्मा की बात अनसुनी कर मेजर सदाशिव कहते गये, 'चीफ' ने मज़बूत पक्की कन्सट्रक्शन कराई थी। डिज़ाइन भी खास-चुना था कि लड़ाई के बाद वहां एक टूरिस्ट कैम्प बन सके। चीनी हमले की बदौलत ऊपर की सड़क का काम बन्द ओर हमारे अधबने कैम्प में अब रीछ-भालुओं का राज है।" मेजर सदाशिव के चेहरे से समरेश यह निश्चय नहीं कर पाया कि डोंक्या ला दर्रे तक जाती बर्फानी सड़क न बनाने का उन्हें आनन्द था या अफसोस।

चुंगथांग पहुंचते-पहुंचते सूरज डूबने लगा। पक्की चट्टानों में गहरी काटी गयी सड़क से नीचे लाचेन नदी गरज रही थी। सड़क के ऊपर झूलती खोह जैसी कटी चट्टानों में अंधेरा घिरता जा रहा था। नदी के मोड़ पर पिछले साल सड़क काटने के दौरान मरे चार जवानों के नाम एक स्मारक पत्थर पर खुदे थे।

"साब! यहां तो सुरंग बनाने की बात थी। फिर सुना कि उसमें बहुत खर्चा और ख़तरा था। तब 705 कम्पनी के मेजर साब ने बारूद से सड़क काटी। पर उसमें भी बहुतेरे मर गये।" रामदत्त राम कहता गया, "साब जी! जीना-मरना तो ऊपर वाले के हाथ है। जवान तो अपने कमाण्डर के हुकम पर चलता है। आप बोलो तो कुंए में कूद जाये।"

7

अगले सप्ताह सुबह बहुत तड़के नाथू ला की ओर जाती समरेश की जीप जब दिप्ति के घर के पास से गुज़री तो उसने अपने हृदय की गति को तेज़ होता महसूस किया। रात के खाने का उसका निमंत्रण था। विनय की ओर से भी। समरेश को लगता है कि आज भी अगर वह उस मकान के पास जाये तो उसके दिल की धड़कने बढ़ जायेंगी। उस घर का संबंध उन दिनों की स्मृतियों से एक अटूट रूप में बंध गया है। भावनाओं से समृद्ध उन दीवारों के ईंट-पत्थर एक जीवन पा गये हैं जिसमें उसकी स्मृतियां अनंत काल तक अपनी ताज़गी बनाये रखेंगी।

सुबह की पहली रोशनी की आभा पूर्वी आकाश में फूट रही थी। दूर से उस मकान की समीप आती रूपरेखा को वह देखता रहा और मकान पीछे छूट जाने पर मुड़-मुड़कर जब तक कि वह रूपरेखा पहाड़ की ओट में विलीन नहीं हो गयी। बहुत सुबह की शुभ्र निर्मलता में शायद मस्तिष्क की कुछ गतिविधयां अप्रत्याशित रूप से तेज़ हो जाती हैं। अनहोनी की पूर्व सूचना जैसे अपना पूरा रहस्य खोले बिना केवल एक आभास मात्र झलक मन में छोड़ जाती हो। लेकिन वे सब तो अभी बहुत दूर की बातें हैं।

नाथू ला की चौदह हज़ार फुट ऊँचाई का समरेश को लम्बें अर्से से आकर्षण था। पहाड़ों की ऊँची चोटियों, हिम शिखरों, ने उसे अपनी ओर हमेशा खींचा है। अगर कोई ईश्वर है, और अगर वह हिमालय में या उससे भी ऊपर आकाश का वासी है, तो उसके पास जाने, उससे मिलने का समरेश को औत्सुक्य है। ईश्वर उसकी मदद नहीं कर सकता, जैसे कि वह संसाक के करोड़ो दुखी प्राणियों, बेसहारा, निरीह और निष्पाप बच्चों तक के कष्टों का निवारण नहीं कर सकता। लेकिन अपने आप में वह सुखी है। वह दुःख से ऊपर है। उसमें धैर्य, विवेक और लालित्य की शालीनता है। उसमें सर्वव्यापी शक्ति है पर संसार के क्रम को वह अपनी गति से चलने देता है। वह पेड़ों, पशुओं और मनुष्यों को पैदा होने, फलने-फूलने, सुखी और दुःखी होने, और वैसी ही दशाओं में मर जाने देता है। जैसे कि संसार को अपने पूर्वनिर्धारित तरीके पर चलने देने की ही ज़िम्मेदारी उसकी हो। और उसको निबाहने के बाद वह अपनी मौजों की तरंगों में निमग्न रहता है। शायद उससे मुलाकात करने से कोई

लाभ नहीं होगा। समरेश उसका उतना ही अंश है जितना कि वह उसका। और यह सब सोचने से भी कोई लाभ नहीं। पर सुबह की स्वच्छ हवा में तरह-तरह के ख़याल नारद मुनि की तरह न जाने कहां-कहां से घूमते हुए आ कर मन में घुस जाते हैं। और फिर दिन निकलने पर, जीवन गतिचक्र तेज़ होने पर, न जाने कहां चले जाते हैं। शायद वहीं वापिस जहां से आये थे।

आर्टिलरी का हैडक्वार्टर पार करने के बाद सातवें मील से ऊपर धुंध शुरू हो गयी। सिलवर ओक और रोडोडेनड्रौन के जंगल अब हल्के पड़ते जा रहे थे। चीड़ के पेड़ कम थे और फिर देवदार के कुछ वृक्ष आने शुरू हो गये। सड़क तेज़ी से ऊपर चढ़ती जा रही थी। खेतों, गांवों, और हर तरह की आबादी के क्षेत्रों से ऊपर अब वे पूरी तरह फौजी प्रदेश में थे। सड़क हाल ही में चौड़ी की गयी थी जिससे कि बड़े फौजी ट्रक ऊपर तक पहुंच सकें। थोड़ी-थोड़ी दूर पर मिलिट्री पुलिस के चेकपोस्ट थे। फौजी कॉनवायों में ऊपर या नीचे जाने के इन्तजार में बर्फीली हवाओं से ठिठुरते फौजियों के बेशुमार झुंड़ जगह-जगह पर सड़क के आसपास खड़े थे। कभी-कभी धुंध हटने पर पर पहाड़ों की विशाल दैत्याकार ऊँचाईयों के परोक्ष में लकीर के समान दूर तक जाती सड़क, उस पर रेंगती गाड़ियाँ, और चींटियों जैसे फौजियों के समूह, पृथ्वी के अपरिमित विस्तार में मनुष्य की नगण्यता को बार-बार मन में भर देते। सड़क पर फिसल आयी मिट्टी और पत्थर साफ करने का काम भी फौजी जवान कर रहे थे। सुरक्षा कारणों से शायद तिब्बती मज़दूरों को वहाँ नहीं लाया गया था। थोड़ी सी भी वर्षा होने पर पत्थर लुढ़क आने, जगह-जगह पर फौजी गाड़ियँ खराब हो जाने और कॉनवायों की लम्बी कतारों की वजह से पाँच घंटे लगातार ड्राइव करने के बावजूद वे छांगू झील तक ही पहुंच पाये थे।

"फौजी गाड़ियां तो बीस-तीस साल पहले जरमनी और जापान से बड़ी लड़ाई के ज़माने की हैं जो मैदान में भी ने चलें।" समरेश की जीप के ड्राईवर सरवन सिंह ने कहा। बौर्डर रोड के पास नयी जापानी गाड़ियां थीं। नीले रंग की हमारी निसान जीप फौज की पुरानी जीपों के ड्राइवरों के लिए ईर्ष्या का विषय थी।

"साब जी! चीन की लड़ाई शुरू होने पर ये फौजी गाड़ियां अमरीकन हवाई जहाज़ों से रातों रात बागडोगरा लाई गईं। धक्का दे-देकर हवाई जहाज़ों से उतारना पड़ा, ऐसी खराब हालत थी उन गाड़ियों की! और हमारे ड्राइवर भी थे सब पचास लीटरी। अमरीकन लोग हँसते रहे कि ये गाड़ियां हिमालय पहाड़ पर चढ़ेंगी। चीनियों से लड़ेंगी।"

ड्राइवरों की बेशुमार ज़रूरत होने की वजह से फौज और बौर्डर रोड ने ड्राइवरी सिखाने का एक छोटा रास्ता अपनाया था। पचास लीटर पेट्रोल ख़त्म होने तक जीप चला लेने के बाद ट्रेनिंग पूरी मानकर नयें रिक्रूटों को ड्राअवर करार दे दिया

जाता था। पच्चीस वर्षीय हँसमुख सरवन सिंह ने रिक्रूटमेंट सेंटर की पचास लीटरी ड्राइवरी के बाद गाड़ी की मरम्मत और ड्राइविंग से माहिर होने की कामयाबी अपने हौंसले से पायी थी।

अधिक ऊँचाई पर पेड़ नहीं उगते। वृक्षों की आखिरी कतारें छांगू झील से बहुत नीचे रह गयी थीं। झील से मीलों आगे तक फैली सपाट भूमि असंख्य फूलों से भरी थी। उन विशाल पर्वतों के दुर्गम्य आंचल में हज़ारों वर्षों से मानव जीवन से अकलुषित, शायद पक्षी संसार से भी परे, वह सौन्दर्य किसके लिए था? और तब सहसा एक अलौकिक रूप में कुछ क्षणों के लिए धुंध फट गयी और गहरे नीले आकाश की स्वर्णिम धूप ने उस फूलों की घाटी को अपनी आभा से भर दिया। मनुष्य के लिए वह सौन्दर्य वर्जित था। सिर्फ कभी-कभी, आते-जाते में, देख सकने मात्र की इजाज़त थी। मनुष्य का स्थायी रूप से वहाँ रहना प्रकृति को स्वीकार न था। और अब उसी दुःसाहस में प्रकृति से जूझते वे हज़ारों सिपाही वहाँ थे। अपनी इच्छा और समझ से नहीं। बल्कि एक बाध्य विवशता से जिसका मूल मनुष्य हृदय में निहित अपने आप को विध्वंश की ओर धकेलने की विनाशकारी प्रवृति में है।

फूलों की घाटी से आगे सड़क दो भागों में विभाजित हो जाती है। एक सड़क घाटी के फैलाव में जलेप ला दर्रे और नाथांग की ओर चली जाती है जहाँ से नीचे रंगली तक उतरने के लिए एक नयी सड़क बनाने का प्रस्ताव था। दूसरी सड़क बर्फीली चोटियों की ओर मुड़कर नाथू ला की तरफ उठती जाती है। नाथू ला वाली सड़क के किनारे खड़े दो टैंकों को देखकर उसे ताज्जुब हुआ। इतनी ऊँचाई पर ऐसी बर्फों के बीच ये भारी टैंक उस ख़तरनाक सड़क से कैसे आये होंगे?

नाथू ला पहुंचते-पहुंचते धूप निकल आयी। दर्रे से ऊपर की चौरस ज़मीन हिन्दुस्तानी कब्ज़े में थी। कुछ नीचे ढलान पर, चीनी सेना के बंकर थे। भारतीय सीमा की आखिरी चौकी के इन्चार्ज इन्फैन्ट्री के मेजर ने अपने बंकर से ऊपर कुछ कुर्सियाँ धूप में डाली हुई थीं।

“सामने की चोटियों की बर्फ में चीनियों की आबज़र्वेशन पोस्ट है। आज की धूप में तुम्हारी फोटो खींच रहे होंगे। ऐसी धूप तो बहुत ही किस्मत् वालों के लिए चमकती है।” मेजर ने कहा, “बंगाल की खाड़ी की नम हवा एकदम इतनी सीधी ऊँचाई पर उठने से ज़्यादातर वक्त यहाँ धुंध, बारिस और बर्फ ही रहती है।”

बंकर के अन्दर ठण्ड से बचाव में दीवारों पर कम्बलों की लाइनिंग थी। मोटर गाड़ियों की कई बैटरियों को एक साथ जोड़कर बिजली के बल्बों की रोशनी भी थी।

“ड्यूटी ख़त्म होने के बाद ठंड के मारे ज़्यादातर समय स्लीपिंग बैग में ही बिताना पड़ता है। अब तो फिर भी कुछ इन्तज़ाम है। पर पिछले साल जब हम

यहाँ आये थे तो एल्टीट्यूड सिकनेस और एक्सपोज़र कैज़्युलटीज़ का हिसाब नहीं था। सड़क की बुरी हालत। और तब रातों रात ट्रकों की हैडलाइट्स जलाकर हमने हैलीपैड बनाया। राहत का कुछ तो पक्का रास्ता होना था।"

"रास्त में दो टैंक खड़े थे," समरेश ने कहा।

"हा! हा! सिर्फ फौज के मोराल के लिए। पिछले साल उसकी बहुत ज़रूरत थी। रहन-सहन, रसद और बीमारों के इलाज की इतनी बुरी हालत थी कि फौज बिल्कुल इनडिसिप्लिन की सीमा तक पहुंच गयी थी। मुझे याद है कि ट्रेन में सिलीगुड़ी आते समय कुछ जवान बिना इजाज़त मांगे मेरे कम्पार्टमेंट में चढ़ आये थे और बर्थ पर बैठ गये। पर उन हालात में मैंने उन्हें टोकना ठीक नहीं समझा। बुरी हालत थी पिछले साल।"

समरेश के अपना काम ख़त्म कर लौटते-लौटते फिर धुंध घिर आयी। फूलों की घाटी घने कोहरे में विलीन थी। छांगू झील के पास सड़क बन्द होने की सूचक गाड़ियों की लम्बी कतार। झील अदृश्य थी पर गाड़ियों के इंजनों का शोर बन्द होने पर तेज़ हवा से उठती लहरों की आवाज़ सुनाई पड़ रही थी।

"बहत्तर गाड़ी खड़ा है साब जी!" जीप में बैठे-बैठे तंग आकर सरवन सिंह आगे तक गिनती कर आया था। "बुरा एक्सीडेंट है। एक गाड़ी ड्राइवर और आठ जवानों समेत एकदम नीचे खड्ड में गिरा है। लाशों को ऊपर लाने की कोशिश कर रहे हैं।"

दिन की रोशनी हल्की पड़ गयी थी। कोट और बरसातियों में लिपटे मद्रास रेजीमेंट के कुछ जवान सड़क के किनारे अपने लोहे के संदूकों पर बैठे थे। शायद छुट्टी से आये हों या जा रहे हों। धुंध में उभरते, बर्फीली हवा से झुलसे, भावहीन चेहरे। नीचे सिलीगुड़ी रेल स्टेशन से आगे घर तक बहुत लम्बा रास्ता होगा। पर वह लम्बी यात्रा परिचित मौसम और सपाट ज़मीन की थी। और सिलीगुड़ी के उसी रेल स्टेशन के बहुत पास पर धूप भरे मैंदानों की जीवनदायी ऊर्जा से लाखों मील दूर इन ऊँचे पहाड़ों की यह ठंडी बेगानी दुनिया तो जैसे ब्रह्मांड के किसी दूसरे नक्षत्र की थी।

गंगटोक की बत्तियां दिखाई देने तक काफी रात घिर आयी थी। समरेश असमंजस में था कि इतनी देर होने पर दिप्ति के घर जाना उचित होगा या नहीं। पिछले दिनों वह विनय से कई बार मिल चुका था। आरम्भ के औपचारिक व्यवहार में फिर सरलता आ गयी थी। दिप्ति की तनावपूर्ण मनोदशा से परेशान विनय को शायद एक तीसरे व्यक्ति की उपस्थिति से वातावरण हल्का हो जाने की सम्भावना अच्छी लगती थी। अपने साथी अन्य अफसरों की पत्नियों से इतनी भिन्न, विदेशों की चहल-पहल में पली, पत्नी का मन इस मनोरंजन साधनहीन गंगटोक में वह कैसे बहलाये?

घर की सब बत्तियां जल रही थीं। घंटी की पहली आवाज़ पर दिप्ति ने

दरवाज़ा खोल दिया।

"हम लोग तो परेशान थे कि कहीं कुछ गड़बड़ तो नहीं हो गयी।" विनय ने दरवाज़े पर आ कर कहा।

"इनकी शक्ल तो देखिये जैसे पाताल लोक से आ रहे हों। मैंने सोचा था कि ऊपर स्वर्ग की ओर गये थे अप्सराओं की खोज में!" दिप्ति ने कहा।

सोलह घंटे तक हवा, बर्फ, कीचड़, पैट्राल की गंध, और अपने अकेलेपन की उड़ानों के बाद साफ गर्म कमरे के स्नेहमय सौहार्दपूर्ण स्वागत ने समरेश की सारी थकान जैसे क्षण भर में दूर कर दी।

"अब इतनी रात में कहीं नहीं जाना है। मैं बिस्तर लगा दूँगी। सुबह उठकर जा सकते हैं।" दिप्ति ने अधिकारपूर्ण स्वर में कहा।

खाना खाने के बाद वे काफी देर तक बातें करते रहे। विनय दिल्ली और विदेश विभाग की ख़बरों से भरपूर था। किसकी पोस्टिंग, किसका प्रोमोशन, और किसका सितारा बुलन्द है। "विदेश विभाग के लिए सिक्किम इज़ ए डैड होल। यहाँ तो आर्मी का बोलबाला है।" सिक्किम के बाद दक्षिण-पूर्वी एशिया में नियुक्ति की सम्भावना थी पर वह अभी से सिफारिश ढूंढ रहा था कि यूरोप जा सके।

"इंडोनेशिया अच्छी जगह है। बोरोबोडोर, बाली, जोगजकार्ता। बहुत कुछ देखने को है वहाँ।" समरेश ने कहा।

"ऊँह! यूरोप से क्या मुकाबला। पश्चिमी यूरोप क्लास 'ए' पोस्टिंग है। देखो! मैं कोशिश में हूँ।" फिर सहसा उसने कहा, "तुम्हें मालूम है कि कुछ साल पहले प्रेसीडेण्ट सोकार्नो ने पंडित नेहरू को एक गुप्त व्यक्तिगत संदेश भेजा था।"

फिर दिप्ति से आँखें बचाकर वह कहता गया, "सन्देश था कि आपके देश को आपकी अभी बहुत ज़रूरत है। अपने स्वास्थ्य को बनाये रखने के लिए जवान लड़कियों से सम्बन्ध रखिए।"

"ओह विनय! रियली!" दिप्ति ने कहा। वार्तालाप की असंयमितता पर ध्यान दिये बिना विनय कहता गया, "उनका समाज ही ऐसा है। और फिर सोकार्नो ने तो अपने गहरे अनुभव के आधार पर सलाह दी थी।"

विनय कहता गया, "पूर्वी भारत के कुछ भागों में माना जाता है कि युवा स्त्री के सम्पर्क से पुरुष की आयु दोनों की औसत आयु के बराबर हो जाती है।"

"मनु महाराज लिख गये हैंः कन्या से वर दून।" वातावरण को हल्का करने के लिए समरेश ने कहा।

"ययाति महाराज को चिर यौवन का यह रास्ता नहीं मालूम था।" दिप्ति ने विनय की ओर देखकर कहा, "तुम्हें तो किसी पन्द्रह साल की लड़की से शादी करनी चाहिए थी। अभी भी देर नहीं है।"

उन दोनों के बीच कितना गहरा फासला था। अपने विदेश प्रवास के अनुभवों

से विरक्त दिप्ति एक विशिष्ट भारतीयता ढूँढ रही थी। उन आदर्श संस्कारों को, उन जीवन प्रणालियों को, जिनकी अर्ध-चेतन झाँकियाँ उसने बचपन में देखी थीं और जिनके प्रति उसका आकर्षण और विश्वास बढ़ती उम्र की उलझनों में बढ़ता गया था। और अब उसी खोज में इतना फासला तय करने पर उस अप्राप्ति की मरीचिका उसे व्यथित किये थी। कितने भोलेपन से उसने अपनी कल्पनाओं के आदर्श को भारतीय जीवन का सामान्य रूप मान लिया था। अपनी रूमानी कल्पनाओं में खो कर वह सतही ताम-झाम से नीचे विनय की पारदर्शक संस्कारिक वास्तविकता को बिल्कुल नहीं देख सकी थी।

"आज तो मैं ऐसी जगहों पर होकर आया हूँ जो शायद सारी दुनिया में कहीं न हों" समरेश ने बात बदलने के लिए कहा।

"बहुत घूमने से क्या फायदा। असली भूल-भूलैयाँ तो अपने मन में है।" दिप्ति बोली।

"तुम तो हर बात को ऐसी गहरी फिलासफी में ढाल देती हो कि सुकरात भी घबरा जाये" विनय ने कहा।

"तुम्हें मालूम है कि सुकरात की पत्नी को जब गुस्सा आता था तो सुकरात के सिर पर गरम पानी डालती थी।"

बहुत दिन बाद दिप्ति ने एक बार समरेश से कहा था, "विनय की पत्नी सम्बन्धी अपेक्षाएँ तो एकदम सीधी थीं : सौन्दर्य, धन और पति की पदोन्नति में सहायक संस्कृति। ग़लती तो मेरी थी। प्रायश्चित तो मुझे करना है। अपनी भारतीयता की खुमारी में सोचा था कि मेरा कर्तव्य है अपना सही आचरण जिसके सहारे मैं अपने परिवार द्वारा चुने किसी भी पुरुष के साथ सुखी जीवन बिता सकूँगी। तब नहीं जाना था कि आचरण-संस्कार बौद्धिक रूप से मन पर नहीं थोपे जा सकते। और संकल्प की दृढ़ता से जो कुछ भी अपने आप को मनवाया जाता है, अचेतन मन अपने शान्त और पक्के विरोध में धीरे-धीरे उस सब को उलट देता है।"

शायद अब वह देख पाती थी कि प्रश्न भारतीय या विदेशी पद्धति का नहीं था। उसके और विनय के संस्कार जन्मजात परिस्थितियों की उपज थे, और उन संस्कारों के अनुकूल चलने के अलावा उन दोनों के पास कोई रास्ता नहीं था। पर ऐसी समझ अधिकतर भौतिक परिस्थितियों के अनुभव से आती है, उनके विश्लेषण से, और शायद इसीलिए उनसे कुछ कदम पीछे चलती है। तो फिर परिवर्तन कैसे आता है? जीवन कैसे बदलता है? और जो दिप्ति ने उस दिन पूछा था, "मनुष्य सहसा कोई महत्वपूर्ण निश्चय कैसे कर लेता है?"

नाथू ला की ठन्ड जैसे समरेश की हड्डियों में घुस गयी थी। विनय ने कहा कि गंगटोक में भी दिन भर बारिश और धुंध रही थी। महीनों जंगलों में गुज़ारने के बाद एक घर के वातावरण में रात बिताने में एक माधुर्य था। शुभ्र सफेद चादरों का

उजला बिस्तरा। तकिये पर कुर्ता और पायजामा। मेज़ पर पीने के पानी का ढका गिलास। और गुलदस्ते में महकते ताज़े फूलों की सुगन्ध। स्त्री के सुरूचिपूर्ण हाथों से सजाये कमरे की सौम्य आत्मीयता। कपड़े बदलकर ठन्डी रज़ाई में घुसने का साहस करने पर सहसा बिस्तर की स्निग्ध गरमाई ने उष्णता की सैकड़ों सिरहनें समरेश के हृदय के दूर कोनों तक फैला दीं। तौलिये में लिपटी गर्म पानी की बोतल को बिस्तर में रखना भी दिप्ति न भूली थी।

8

"घर के चोर फौज में और फौज के चोर रियर रैंक में।" बहुत दिनों के बाद चटखी धूप में रामदत्त राम यूनिट के जवानों को तीन कतारों में खड़ा कर परेड करा रहा था।

"परेड बहुत ज़रूरी है साब!" उसने समरेश से कहा था। "आखिर तो हमारा महकमा फौजी है। फौज ने अपने सब बदमाश यहाँ भर दिये हैं। इन्फेन्ट्री के रिजक्ट हरामज़ादों का सड़क बनाने से क्या ताल्लुक? रक्रूटमेंट सेंटर में सब पैसा खावे हैं।"

"ठीक से खड़ा हो जवान! रात को पट्टी परेड में जायेगा। बीबी के पास नहीं। ठोडी अन्दर छाती बाहर। क्यों गाभिन बत्तख की तरह खड़ा है।" रामदत्त की तेज़ आवाज़ सारी घाटी में गूँज रही थी। "शेर का बच्चा की तरह मार्च करेगा। उल्लू का माफक नहीं।"

यूनिट लाइन्स से डेढ़ सौ फुट ऊपर समरेश के कमरे से सड़क पर मार्च करती जवानों की तीन कतारें इतनी दूर थीं कि जवानों के चेहरे साफ नहीं दिखाई पड़ते थे। डिसिप्लिन सख़्त करने की ज़रूरत में सन्देह नहीं था। पिछले दिनों की घटनाओं ने रामदत्त राम को अपनी इन्फेन्ट्री की सूबेदारी में सीखी ज़िम्मेदारी की याद दिला दी थी। बल्लियों के ढाँचे पर बाँस की खपच्चियों की चटाइयाँ ठोक कर बनाये समरेश के कमरे से दस फुट नीचे मनबहादुर का तम्बू था। कुछ दिन पहले शाम के वक़्त समरेश अपने कमरे में बैठा पेट्रोमैक्स की रोशनी में पाँच दिन के इकट्ठे आये अख़बार देख रहा था। अचानक तेज़ दौड़ते से कदमों की आवाज़ के बाद एक हाँपता हुआ स्थानीय लेपचा पुरुष कमरे के दरवाज़े पर था।

"साब! साब! आपका यूनिट का बन्ता सिंह ने हमारा बीबी को ख़राब किया। आप हमारा साथ नीचे चलेगा। ख़ुद देखेगा।"

दो मिनट के लिए समरेश सकपका गया। कुछ समझ नहीं आया कि क्या किया जाये। फिर एक बिजली सी चमक न जाने कहाँ से उसके दिमाग में कौंध गयी।

"नीचे जाओ", वह जोर से चिल्लाया, "सीधा ऊपर आने की तुम्हारी जुर्रत! जाओ! रामदत्त साहब को रिपोर्ट करो।"

और उसी वक़्त आ पहुँचे मनबहादुर के साथ उस आदमी को डाँट कर नीचे भेज दिया। सोचने के लिए कुछ समय निकालना ज़रूरी था।

थोड़ी देर में पूरी बात साफ हो गयी। यूनिट लाइन्स से आधा मील दूर उस लेपचा आदमी की चाय की दुकान थी। चाय से ज़्यादा फायदेमन्द थी शराब। और शराब के साथ औरत का आकर्षण जोड़ने से नफा कई गुना बढ़ सकता था। औरत का आसान रास्ता था नयी बीवी।

"दो हफ्ता पहले मंगन से नया औरत लाया है। बदमाश कहीं का! पैसा हो तो यहाँ चाहे जितना औरत ब्याह लो। ब्याहिता होने पर कोई तकलीफ नहीं है।" रामदत्त राम ने आधे घंटे में ऊपर आकर रिपोर्ट दी, "लात मार कर निकाल दिया कि दुबारा शकल दिखायी तो दुकान तो पर बुलडोज़र चल जायेगा। सुना है पिछला साल भी इसने ऐसा किया था।"

अगले दिन सुबह रामदत्त राम ने पूरे शोर-शराबे के साथ बाकायदा बन्ता सिंह को ओ.सी. के दफ्तर में 'मार्च इन' किया। जुर्म : बिना इजाज़त यूनिट लाइन्स से ग़ैरहाज़िरी। सज़ा : चौदह दिन कनफाईनमेंट टु लाइन्स। जैसे बाकी और सब लोगों के लिए लाइन्स से कीं बाहर जा सकने की सम्भावना हो। समरेश को याद आया कि सिक्किम दरबार ने बलात्कार सम्बन्धी दो केसों की विदेश मंत्रालय से शिकायत की थी। एक्ज़ीक्यूटिव इंजीनियर रामन अपने यूनिट वाले कोर्ट मार्शल की रिपोर्ट पूरी करते-करते तंग आ गये थे। ऐसे ही मामले रहे होंगे। उनका केस सफाई से रफा-दफा हो गया। पर इन जवानों के इतने लम्बे अरसे तक जंगलों के एकान्त में पड़े रहने से स्त्री देह की भूख अवश्यंभावी थी। चाय की दुकान वाले ने फायदेमन्द उत्तर ढूँढा नयी ब्याहता में, जैसे गंगटोक के दुकानदारों ने ढूँढा था मनोरंजक पुस्तिकाओं में। रामदत्त राम का जवाब था वौलीबॉल और परेड।

लेकिन भूख स्त्री देह की ही नहीं थी। वह तो समग्र कामना का एक एक अंश मात्र थी। भूख थी नारीत्व के सामीप्य की, स्त्री सुलभ स्नेह की, स्त्री सुलभ पूरक भावना की। यह सब न पा सकने पर, अपने अधूरेपन की बेचैनी में देह मात्र की प्यास तो बहुत घटिया एवज़ी थी जो बाकी सब पूरक भावनाओं के अभाव में प्राप्त होने पर भी नितान्त अतृप्तकारी थी। सवाल सिर्फ उन जवानों का ही नहीं था, केवल उस सुनसान पहाड़ी स्थल का ही नहीं था। हर जीवन परिस्थिति में, हर प्राणी के लिए, एक दूसरे को पूर्णता देने वाले साथ की आशा जीवन के बुनियादी तत्वों में थी। शायद उन सब जवानों की अपेक्षा वह यह बात गहराई से देख सकता था, समझ सकता था, पर विभिन्न स्तरों पर, मूल स्थिति तो सबके लिए एक ही थी।

चार्जमैन बचन सिंह ने उस स्थिति को सीधे रूप में देखा था। शायद गुरबथान चाय बगीचों के आम दस्तूर को उसने सहज रूप में अपना लिया हो।

तीस्ता पुल के पास डायनामाइट ले कर संन्दिग्ध रूप से घूमते कुछ व्यक्तियों के पकड़े जाने के बाद फौजी कमान्ड ने सिक्किम पहुँचने का एक दूसरा रास्ता खोलने के लिए अलगोरा की ऊँचाई से गुरबथान के मैदानों तक उतरती सड़क बनाने का काम युद्ध गति से पूरा करने का आदेश दिया था। बुलडोज़र से कच्चे पहाड़ों को रोज़ एक मील काटकर उस साल चार्जमैन बचन सिंह ने सड़क बनाने का रिकार्ड कायम किया था।

"यहाँ भोत जोंक हैं साब" मनबहादुर ने कहा, "तम्बू के फ्लैप पर चढ़ता है। फिर ऊपर से गिरकर गरदन पर चिपक जाता है।" कलिम्पोंग से लगातार ऊपर चढ़ती अलगोरा लाभा सड़क की धुंध भरी ऊँचाई पर पहुँचने के बाद वे चाय पीने के लिए 807 कंस्ट्रक्शन कम्पनी के कैम्प पर रुके थे। कैम्प के चारों ओर बारिश में भीगे ऊँचे पेड़ों के विशाल आकार धुंध में लुग-छिप रहे थे। पास के एक पेड़ के तने पर जमी हरी काई की गहरी परत मख़मल के समान दिखाई पड़ रही थी।

"आप जल्दी चलें", कम्पनी के ओ.सी. एक्ज़ीक्यूटिव इंजीनियर रामन ने कहा, "एकदम कच्चा सड़क। एकदम अनरिलायेबल। कभी भी लैंड स्लाइड होना सकता है। फिर इस सीज़न में हरदम बारिश और धुंध।" और कैम्प से चार मील नीचे सचमुच एक बड़ा लैंड स्लाईड था। सड़क बिल्कुल बन्द।

"पाँच-छः घंटा से कम नहीं लगेगा साब! हमारा डोज़र भी ठीक काम नहीं करता," रोड क्लीयरिंग गैंग इन्चार्ज ने कहा, "बचन सिंह ने मैसेज भेजा है कि नीचे डोज़र कैम्प में आपका इन्तज़ार करेगा। कलिम्पोंग होकर पक्का रास्ता जाने से शाम तक आप वहाँ पहुँच सकता है।"

लेकिन वापिस मुड़कर दो मील ही पहुँचने पर उनके देखते-देखते सड़क की बीस-पच्चीस फुट लम्बाई दलदली मिट्टी के एक ढेर में दब गयी। रास्ता अब दोनों ओर से बन्द था। पर ऊपर का यह रास्ता शायद जल्दी खुल जाये। समरेश ने मनबहादुर के साथ गुरबथान तक बीस मील पैदल मार्च करना तय किया। ऊपर का रास्ता खुलने पर ड्राइवर सरवन सिंह पक्के रास्ते से जीप ले आयेगा।

दिन भर की धुंध, बरसात और जोंको की भरमार ने उनको लगातार चलते रहने पर बाध्य रखा। अंधेरा होने से पहले वे काफी नीचे उतर आये थे। थकान से चकनाचूर। बरसाती ओढ़ने के बावजूद पूरी तरह भीग गये शरीर। पहाड़ों से नीचे उतर आने पर हवा में ठंड कम हो गयी थी पर फिर भी हवा के तेज़ झोंके भीगे शरीर में सुरसरी फैला देते थे।

बचन सिंह गुरबथान से तीन मील ऊपर थरमस में गरम चाय तैयार रखे चार घंटे से इन्तज़ार कर रहा था। किसी छोटी प्राइवेट वर्कशाप के मैकेनिक मात्र से इस नये सरकारी महकमें में चार्जमैन बनने के दौरान उसने फौजी तौर-तरीकों को अच्छी तरह सीख लिया था। वह समझ गया था कि बौर्डर रोड्स जैसे किसी भी

बड़े संगठन में तरक्की पाने के लिए सिर्फ अपने काम की काबिलियत ही काफी नहीं थी। अपने अफसरों की निगाह में चढ़े बिना सुपरवाइज़र ग्रेड में प्रोमोट होना आसान नहीं था। ड़ोजर कैम्प में खाने के लम्बें-चौड़े बन्दोबस्त के बाद ओ.सी. साहब के रात को सोने का प्रबन्ध उसने जंगलात के बंगले पर किया था।

कस्बे से मील भर दूर, साल के घने जंगल के बीच बने जंगलात के बंगले में मिट्टी के तेल वाले लैम्प की रोशनी थी। लॉन के सिरे पर चौकीदार के क्वार्टर से धुआँ उठ रहा था। खपरैल की ऊँची छत और आसमानी रोशनदान वाले बड़े कमरे में बिस्तर लगा था। बाकी सब कमरे खाली थे। गुसलखाने में रखे गरम पानी से नहाकर जब समरेश बाहर आया तो बचन सिंह और मनबहादुर ड़ोजर कैम्प वापिस जाने के लिए तैयार थे। चौकीदार को सुबह सात बजे चाय देने को कह कर दिनभर की थकान के बाद लैम्प बुझाकर बिस्तर में लेटते ही उसकी आँख लग गयी। सुना है कि गहरी नींद में सपने नहीं आते। पर गहरी नींद तो शायद आधी रात के बाद ही आती है। कच्ची नींद की अर्धचेतना में उसे वह सपना जैसा ही लगा। पैरों की थकी माँस-पेशियों पर पड़ते हल्के नर्म दबाव का सुखद स्पर्श सपने जैसा ही था। लेकिन फिर उस नर्म दबाव की उष्णता ने उस स्वप्निल अर्धचेतना को बहुत समय तक न बने रहने दिया।

बरामदे से बाहर साल के जंगल में चाँदनी रात निखर आयी थी। छत के साथ लगे रोशनदान से अन्दर आती चाँद की रोशनी ने कमरे के अंधेरे को हल्का कर दिया था। पलंग के पैताने पर झुकी वह आकृति एक स्त्री ही थी जो उसके पैर दबा रही थी। नर्म हाथों की थिरकन और चूड़ियों की हल्की झंकार। कुछ देर वह चुपचाप लेटा रहा पर स्थिति की पूर्ण चेतनता में बहुत देर तक स्थिर रह सकना सम्भव न था।

"कौन हो तुम", पलंग के पास रखे लैम्प को दियासिलाई से जलाते हुए समरेश ने कहा। पैताने से एकदम आगे बढ़कर उसने फूँक मार कर लैम्प को बुझा दिया। "इसे बन्द कर दीजिये।" उसने कहा और वह पलंग पर उसके पास आ गयी। लैम्प की रोशनी में झलक आयी सुन्दर युवा स्त्री। शायद बीस वर्ष की भी न होगी। फिर उस अंधेरे में उन्नत वृक्षों की चुभन। गदराई देह का उद्दीपक स्पर्श और सुलभ सामीप्य।

समरेश निष्क्रिय रूप से कुछ देर तक चुपचाप लेटा रहा। लेकिन वह भी अधिक समय तक सम्भव नहीं हो पाया । उस स्त्री के हाथों की नर्माहट का स्पर्श समरेश के शरीर पर था। आत्म संयम और शारीरिक आकर्षण के द्वन्द्व में डूबे उसके असमंजस में उस स्त्री को शायद अपने समर्पण की अस्वीकृति की सम्भावना का आभास हुआ था। कुर्ती के खुलते बटनों और हटते कपड़ों की सरसराहट के बाद पुष्ट युवा वक्षों की पूरी गोलाई समरेश पर थी। पूर्ण समर्पित तनी नुकीली वक्ष

चोटियों के अल्हड़ दबाव ने जैसे उसके शरीर में आग लगा दी हो। फिर सहसा समरेश पलंग से उठकर बाहर बरामदे में चला आया। और फिर लॉन में घूमता रहा। चाँदनी रात भरे लॉन में सिर्फ दो बार दियासिलाई की हल्की रोशनी कमरे में जलने का आभास हुआ। शायद वह अपने कपड़े ठीक कर रही होगी।

साल में घने जंगल की गहरी शान्ति को महसूस करते हुए वह बहुत देर तक लॉन में घूमता रहा। वह क्यों उस कमरे से बाहर निकल आया था? और अगर बाहर आना ही था तो इतनी देर के बाद क्यों? बचन सिंह को अब कुछ कहने की ज़रूरत नहीं होगी। अगर वह न निकल आया होता तो शायद बचन सिंह अपने प्रोमोशन के बारे में कुछ कहता। क्या उसे सिर्फ यही भय था? भय के तो और भी कितने कारण हो सकते थे जो अंतर्मन को संशय में डाल दें। लेकिन फिर उस सम्भावना, सामीप्य, और स्पर्श का आकर्षण भी तो कम तीव्र नहीं था। पलभर में मन के किस स्थल ने निर्णय की रेखा बाँधी थी?

कई बार कुछ निश्चित कर चुकने के बाद ही अपने निर्णय के कारणों का सही बोध होता है। अब अनेक वर्षो बाद, समरेश जानता है कि किस स्मृति स्त्रोत ने उसका मन झकझोरा था। किस मूल भावना ने शारीरिक आकर्षण के उफान में उबल जाने से उसे रोका था। अब वह जानता है कि उस समय भी, परिचय के उतने सीमित स्तर पर भी, स्नेह का एक अबोध माधुर्य उसके साथ था। फरक्का स्टीमर की उस पहली छवि और फिर भेंट के कुछ ही अवसरों में भी दिप्ति के स्नेह माधुर्य से उसे एक तृप्ति मिली थी जिसने अर्धस्वप्निल क्षणों में अचानक उत्पन्न परिस्थिति के बहाव में खो जाने से उसे रोक दिया था।

9

विनय का फोन था। महीने के कुछ ही सौभाग्यशाली दिनों में से एक दिन जब टेलीफोन काम करता है। "दो दिन से तुम्हें ट्राई कर रहा हूँ। फोन ख़राब करके आराम से बैठे हो।"

"इस नौकरी के ये फ्रिन्ज बैनिफिट्स हैं। फोन खराब रहे तो हैडक्वार्टर से काम करने का कोई हुक्म नहीं आ सकता।" समरेश ने कहा।

विनय जानना चाहता था कि उत्तरी सिक्किम आने का उसका निमन्त्रण बरकरार है या नहीं। समरेश अपने कानों पर विश्वास नहीं कर सका। दिप्ति ने सचमुच विनय को मना लिया था! "दिप्ति कहती है कि पिछले दो साल से हमने व्हाईट क्रिसमस मनायी है। तीसरे साल नहीं मनायेंगे तो अपशकुन होगा। बर्फ की ज़िम्मेदारी तुम्हारी है।"

समरेश की धमनियों में रक्तचाप एकदम बढ़ गया। "बर्फ का तो यहाँ घर है। आप लोग आइए तो सही।" बाईस दिसम्बर। दो दिन बाद वे यहाँ होंगे। दिप्ति आयेगी। मन को सामान्य स्थिति में लौटा लाने के लिए वह कमरे से बाहर निकल कर दफ्तर के सामने रामदत्त राम के लगाये फूलों की क्यारियों के आसपास घूमता रहा। चुंगथांग से आगे वाले पहाड़ों पर बर्फ काफी ऊँचाई पर थी। इस साल बरसात कम हुई थी। जाड़ों के महीनों में भी हवा में नमी कम थी, नहीं तो अब तक दिसम्बर की कई बारिशें और बर्फ पड़ जानी चाहिए थी। वे सब युमथांग जायेंगे। वहाँ ग्यारह हज़ार फुट की ऊँचाई पर तो खूब बर्फ होगी। तीन दिन का प्रोग्राम है। पहली रात मेन्शीथांग। अगले दिन बर्फ की तलाश में युमथांग के लिए प्रस्थान। रामदत्त राम को अभी ऊपर भेजकर इन्तज़ाम पक्का करना होगा। एक मैकेनिक भी साथ ले जायेंगे स्पेयर जीप में।

उस दिन शाम को समरेश बहुत दूर तक घूमने गया और फिर देर रात तक नहीं सो सका। कमरे को गरम रखती बुखारी की आग जलाये रखने के लिए मनबहादुर कई बार बुखारी में लकड़ियाँ डाल गया। अन्त में ग्यारह बजे भी समरेश को सोने के मूड में न पाकर लकड़ियों का ढेर तरतीब से बुखारी के पास रखकर चला गया। कमरे से बाहर बहुत ठन्ड थी। चाँदनी रात में पहाड़ों का

स्वरूप बदल जाता है। पिछले महीनों जब ठन्ड कम थी तब कितनी ही बार ऐसी चाँदनी रातों में कमरे से बाहर बैठकर उसने अपने जीवन के बारे में सोचा था। बीते जीवन की स्मृतियों की कैद से छूटने और भविष्य की दिशाओं को ढूँढनें के लिए। लेकिन सोचने से क्या होता है। घटनाक्रमों और हाड़-माँस के वास्तविक जीवन की तो अलग अपनी ही गति है जिसके प्रवाह में मनुष्य असहाय रूप से बह जाता है। तीन दिन बाद पूरे चाँद की रात होगी। रामदत्त राम ने समरेश के कमरे से आगे पाँच फुट ज़मीन को समतल कर वहाँ सलेटी पत्थरों की बजरी डाली थी। छुट्टियों के अनेक दिन उसने वहाँ बैठकर उन पहाड़ों और घाटियों को देखते हुए गुज़ारे थे पर उन पहाड़ों का नयापन कभी फीका नहीं पड़ा। हमेशा वही ताज़गी। मन को उसी रूप में प्रफुल्लित कर सकने की क्षमता। मनुष्य जीवन, मनुष्य सम्बन्धों में ऐसा क्यों नहीं होता? शायद हो सकता है। जब वही निश्चल पवित्रता हो। लेकिन यह एक आदर्शवादी आकांक्षा है। सिर्फ कल्पनाओं में ही सम्भव है।

स्त्री-पुरुष सम्बन्धों की वास्तविकता के सन्दर्भ में सब दार्शनिक विचार और विवेकजनित निष्कर्ष क्यों हल्के पड़ जाते हैं? उसका मन क्यों अस्थिर है? दिप्ति किसी की पत्नी है। सुखी नहीं है तो क्या हुआ। सुख तो एक भावना है। और विवाह है व्यावहारिक जीवन। बहुत संवेदना शील है। इसीलिए सुखी नहीं है। खोज में है। खोज छोड़ नहीं पाती। दृढ़ निश्चयी है। लेकिन वह यह सब क्यों सोच रहा है? उसे दिप्ति ने सत्कार और स्नेह दिया। शायद कुछ अधिक उन्मुक्त भाव से। इसमें क्या असंगति है? दिप्ति के घर जाना उसे अच्छा लगता है। शालीन सुन्दर स्त्री का सम्पर्क और मैत्री किसे अच्छी नहीं लगेगी। विनय से कोई लुका-छिपा नहीं है। दिप्ति सुखी न होगी तो अपना अलग मार्ग ढूँढने से नहीं रुकेगी। विनय शायद यह समझता है। जिस विशिष्ट संस्कृति ने उसे आकर्षित किया था अब उसके अन्य पहलुओं को वह संभाल नहीं पा रहा है। न दिप्ति को छोड़ सकता है, न पा सकता है।

"705 कम्पनी के मेजर साब छुट्टी पर हैं। शर्मा साब ने मेन्शीथांग कैम्प में पक्का बन्दोबस्त कर दिया।" रामदत्त राम की अगले दिन की रिपोर्ट थी, "ऊपर का रास्ता खुला है। बिच्छू गाँव से ऊपर 705 कम्पनी के छोड़े हुए कैम्प तक बर्फ बतावे हैं।" आसाम राईफल्ज़ के सिगनल सेंटर से एक लिफाफा आया था। विनय का मैसेज। वे दोनों अगले दिन सुबह सात बजे गंगटोक से रवाना हो रहे थे।

"बैरी गुड साब", समरेश ने कहा, "आप कल सुबह-सुबह सिंघिक डाकबंगले जायें। दोपहर तक सिक्किम दरबार की लाल नम्बर प्लेट वाली जीप में विनय साहब अपनी मेमसाब के साथ गंगटोक से आयेगा। उनका लंच सिंघिक में।

आपका ज़िम्मेदारी। तीन दिन बाद वापस लौटते वक्त रात का हाल्ट सिंघिक बंगले पर। उस दिन हम भी जायेगा। अभी से बन्दोबस्त कर आइए।"

मौसम साफ था। ऐसा ही मौसम रहा तो सिंघिक बंगले से कंचनजंगा का सूर्योदय बहुत सुन्दर दिखाई देगा। बहुत सन्तुष्ट होकर ही वे दोनों वापस जायेंगे। लेकिन तीन दिन बाद के मौसम के बारे में कुछ भी सोचना ठीक नहीं था।

अगले दिन दोपहर को दो बजे समरेश मनबहादुर के साथ सिंघिक वाली सड़क पर निकल पड़ा। तीन घंटे की धूप अभी बाकी थी। कैम्प से एक मील दूर सड़क अनेक लम्बे लूपों में नीचे उतरती गयी थी। आखिरी लूप के सिरे पर दो जीपें ऊपर चढ़ रही थीं। दूरबीन से वह जीपों को देखता रहा। लाल प्लेट वाली सिक्किम दरबार की जीप पीछे थी। आगे की नीली निशान जीप में विनय और दिप्ति थे। मोड़ पर ड्राइवर से दूसरी तरफ की खिडकी में पीले रंग का स्कार्फ फरफरा रहा था। दिप्ति किनारे पर थी और विनय ड्राइवर और दिप्ति के बीच। आगे के रास्ते पर जब वह जीप चलायेगा तो दिप्ति कहाँ बैठेगी? चलती जीप में दिप्ति का चेहरा ठीक फोकस में नहीं आ रहा था। धूप के चश्मे से ढकी आँखें और बालों पर बँधे स्कार्फ की झलक वह हर मोड़ पर देखता रहा।

गाड़ियाँ ऊपर आ गयीं। मनबहादुर हाथ हिला रहा था। समरेश अपनी जगह से हिल नहीं सका।

"आप तो हमारी जीप को इतनी गहराई से जाँच रहे थे जैसे ऊपर चढ़ती चीनी फौज को देख रहे हों। मुझे डर लग रहा था कि कहीं गन फायर न आर्डर कर दें।" जीप रुकने पर दिप्ति गाड़ी से उतर आयी थी। ज़ाहिर था कि उसने काफी दूर से समरेश को देख लिया था। कुछ क्षणों तक दिप्ति के चेहरे से वह आँखें न हटा सका। फिर विनय भी गाड़ी से उतर आया। गरमजोशी से हाथ मिलाया। "मेनी थैंक्स लंच के लिए। सुपर लंच। दिप्ति की लंच-बास्केट तो हमने छुई भी नहीं।"

"साब! आपके बन्दोबस्त की तारीफ हो रही है", पिछली जीप से उतरते रामदत्त से समरेश ने कहा। "मेम साब कहती हैं कि उनका बनाया लंच तो किसी ने छुआ भी नहीं।"

"जै हिन्द साब!" रामदत्त ने आगे आ कर बहुत मुस्तैदी से सैल्युट किया। दिप्ति की उपस्थिति ने उसे बहुत चुस्त बना दिया था।

"लौटती बार रुकने का इन्तज़ाम पक्का है। चौकीदार बोलता है सुबह छः बजे उठने पर कंचनजंगा बौत अच्छा दीखे है।"

"अभी ढाई घंटे का रास्ता बाकी है रात के पड़ाव के लिए।" समरेश ने विनय की ओर देखकर कहा, "आपको बड़ी ख़ूबसूरत जगह ले जायेंगे।"

ड्राइवर ने गाड़ी स्टार्ट की और फिर नीचे उतर आया। "अपनी बनायी सड़कों

पर मैं खुद ड्राइव करता हूँ जिससे कुछ भी होने पर ज़िम्मेदारी किसी और पर नहीं थोपी जाये", समरेश ने कहा।

विनय खिड़की के साथ बैठा था। और दिप्ति उन दोनों के मध्य। "आपको अपनी ज़िम्मेदारी मानने का बहुत ख़याल है। लोग तो दूसरों की ग़लती ठहराने को हमेशा तैयार रहते हैं।" दिप्ति विनय की ओर देख मुस्करा कर बोली।

दोनों हाथों से दूरबीन पकड़ उसे सामने के पहाड़ों पर फोकस करते हुए सड़क के एक घुमाव में सन्तुलन खो कर सहसा दिप्ति का पूरा भार समरेश के कन्धे पर आ गया। क्षण भर के लिए रियर व्यू मिरर में उसकी शर्मायी आँखें झलक आयीं।"इतने बड़े पहाड़ मैंने कभी इतने पास से नहीं देखे।" दिप्ति ने क्षमा याचना के तौर पर कहा।

"उत्तरी सिक्किम असली रूप में सिंघिक के बाद से शुरू होता है।" जीप की सीट पर उसके सामीप्य की उष्णता महसूस करते हुए समरेश ने कहा। "देखिये तीस्ता नदी घाटी में कितने नीचे रह गयी है। उत्तर की ओर पहाड़ ऊँचे होते जाते हैं। कल तो आप बर्फ के पहाड़ों में होंगी।"

अपने कैम्प के सामने से गुज़रते वक्त समरेश ने दो मिनट के लिए गाड़ी रोकी। ड्राईवर सरवन सिंह दौड़कर बर्फ में गाड़ी चलाने के लिए टायरों पर लगाने वाली लोहे की जंजीरें ले आया।

"अपना कैम्प नहीं दिखाओगे हमें।" विनय ने कहा। दिप्ति दूरबीन से ऊपर बने समरेश के कमरे को देख रही थी।

"लौटती बार", समरेश ने कहा, "आगे रास्ता कच्चा है। सड़क पर सोलिंग के पत्थर भी हैं। अंधेरे में ऐसे विशिष्ट अतिथियों के साथ गाड़ी चलाना ठीक नहीं होगा।"

चुंगथांग से आगे, नदी से सीधी ऊपर उठती चट्टानों में खोह जैसी कटी सड़क के किनारे वे दिप्ति के कहने से रुके। पिछले साल बारूद से चट्टान काटते समय मरे चार जवानों के नाम एक स्मारक पत्थर पर खुदे थे।

"इस सड़क को बनाने में कितने लोगों का बलिदान हुआ है?" दिप्ति ने पूछा।

"अभी तो मुश्किल हिस्सा बाकी है। अगले साल पूछिएगा।"

मेन्शीथांग पहुँचते-पहुँचते अंधेरा घिरने लगा था। चौड़ी समतल घाटी की रूपरेखा अब दिखाई पड़ रही थी। सड़क से नीचे फुटबाल फील्ड में खेल खत्म कर कुछ जवान कैम्प की तरफ वापिस लौट रहे थे। भेड़ों का एक झुण्ड घास के मैदान में था। फुटबाल फील्ड से नीचे लाचेन नदी के किनारे वीपिंग-विलोज़ की कतारें थीं।

"हाऊ ब्यूटीफूल। कितना सुन्दर प्रदेश है।" दिप्ति ने कहा। घाटी की ऊपरी

ढलान पर स्थित आफीसर्स मैस में शर्मा ने तेज़ आग जला रखी थी। फायर प्लेस के ऊपर एक भालू की खाल टँगी थी।

"ऐसी ट्राफियों के बिना कोई आर्मी आफिसर्स मैस पूरा नहीं होता।" विनय ने कहा, "दिप्ति तुम्हें याद है नाथू ला रोड पर आर्टिलरी ब्रिगेड में तोपें चाहे कम हों पर जंगली जानवरों के सिरों की गिनती पूरी होनी चाहिए।

"बड़े-बड़े अफसोस की बात है।" दिप्ति ने कहा।

"यह भालू तो पिछले साल बिच्छू गाँव से ऊपर हमारे कैम्प में आ गया था।" शर्मा ने सफाई देते हुए कहा, "मारे बिना कोई चारा नहीं था। कैम्प में भगदड़ मच गयी थी। मेजर सदाशिव ने राईफल के एक शॉट में गिरा दिया।"

"राईफल से जानवर मारने में क्या ख़ूबी है।" दिप्ति ने फिर कहा।

"शर्मा साहब, आप इनकी बातों का बुरा न मानें। ये फिलासफर हैं। बाहर देखिए अगर कोई भालू हो तो इनसे मिला दीजिए। इनके दो-तीन वाक्य सुनकर वैसे ही भाग जायेगा।" विनय ने कहा।

बेचारे शर्मा की समझ में नहीं आया कि वह और क्या कहे।

डिनर के बाद दिप्ति के कहने पर वे आफिसर मैस के सामने बाहर घूमते रहे। मेन्शीथांग की पूरी घाटी चाँदनी में भीगी थी। सामने पहाड़ों की चोटियों पर बर्फ चमक रही थी। लेकिन ठन्ड बहुत थी और वे अन्दर आ कर आग के आसपास कुर्सियाँ खींचकर बैठ गये।

"इस साल बारिश बहुत कम हुई है। जाड़ों की वर्षा भी नहीं। पहाड़ों पर बर्फ बहुत कम है।" समरेश ने कहा।

"और पिछले साल भयंकर बाढ़ थी जिसमें हमारे तीन सौ तिब्बती मज़दूर बह गये।" शर्मा ने कहा।

"ओह! तो वे तिब्बती मज़दूर इस कम्पनी के थे?" विनय ने कहा "उनके कौम्पेन्सेशन केस के बारे में हर सप्ताह सिक्किम दरबार और दलाई लामा के ब्यूरो से चिट्ठी आती है। इतने सारे तिब्बती मज़दूर कैसे अचानक बह गये जब कि बौर्डर रोड का एक भी जवान नहीं मरा।"

"लेबर कैम्प फुटबाल फील्ड से नीचे था और आप देख ही रहे हैं कि जवानों की बैरकें कितनी ऊपर है।"

"लेकिन फिर भी", विनय ने फिर कहा, "इतने आदमी कैसे बह गये। बहुत ताज्जुब की बात है।"

"तिब्बती लोग हमारी तरह जीवन की बहुत छानबीन किए बिना तूम्बा और छांग पीकर खुश रहते हैं। नशे में मस्त पड़े होंगे, सीधे स्वर्ग पहुँच गये।" दिप्ति ने कहा।

"आप ठीक कर रही हैं।", शर्मा कहता गया, "उस रात तिब्बती लोग कोई

उत्सव मना रहे थे। मेजर साहब और मैं काफी देर तक मैस में बैठे रहे थे। मैं अपनी कम्पनी के डॉक्टर पिल्लै को छेड़ रहा था। तंग आकर वह भी तिब्बती मेले में चला गया। उसने भी ख़ूब छांग पी और फिर अपने होश-हवास खो कर तिब्बतियों के साथ खूब नाचा। बाढ़ रात को तीन बजे आयी। करीब बीस फुट ऊँची पानी की लहर एकदम से घाटी में भर आयी। बाद में आसाम राईफल्स की एक टोली ने ऊपर की नीली झीलों तक जाकर देखा कि झील के किनारे तक उतर आये एक ग्लेशियर का एक बड़ा टुकड़ा सहसा टूटकर झील में गिर गया था। और उसी वजह से पानी की इतनी बड़ी लहर सहसा नीचे बह आयी थी।"

"डॉक्टर को आप क्यों छोड़ रहे थे?" दिप्ति ने शर्मा से पूछा।

शर्मा एक मिनट के लिए सकपका गया। "वह भी एक अजीब कहानी है। आप उसे अब देखेंगीं तो विश्वास नहीं कर सकेंगी। पच्चीस साल का गोल्ड मैडेलिस्ट। पहली बार घर से बाहर निकला और कहाँ केरल और कहाँ उत्तरी सिक्किम के बियाबान पहाड़। एकदम गुमसुम रहता था। जैसे कि यहाँ जेल में बन्द हो। न किसी से बोलना न चालना। मैं चाहता था कि वह अपने अन्दरूनी दायरे से बाहर आये। उस दिन मैं उससे कह रहा था कि एक लेडी डॉक्टर की यहाँ पोस्टिंग होनी चाहिए। मेजर साहब चुपचाप बैठे मुस्करा रहे थे। मैंने कहा आख़िर तो लेबर कैम्प में दो ढाई सौ तिब्बतनियाँ होंगी। और यह अच्छी बात नहीं है कि डॉक्टर पिल्लै सिर्फ ख़ूबसूरत लड़कियों को अपने चेम्बर में ले जाकर एग्ज़ामिन करता है। आपरेशन थियेटर में भी ले जाता है।"

विनय और समरेश ने चुपचाप एक दूसरे को तरफ देखा। यह शर्मा तो निरा जाट निकला।

दिप्ति को हँसी आ गयी, "कहाँ हैं आपके डॉक्टर पिल्लै।" उसने पूछा।

"ऊपर लाचेन की तरफ तनख्वाह बाँटने गये हैं। अभी आते ही होंगे।" और उसी समय डॉक्टर पिल्लै ने मैस में प्रवेश किया। उन लोगों को देखकर एक मिनट के लिए ठिठका। फिर सहज भाव से उनकी ओर बढ़ आया। बिना झिझक के उसने सबसे, दिप्ति से भी, हाथ मिलाये और फिर कुर्सी खींचकर बैठ गया। शर्मा के अनुसार गुमसुम और तनाव भरे व्यक्ति की जगह एक शान्त नर्म चेहरा, गहरी आँखें और सरल मुद्रा। शर्मा के अक्खड़ हरयाणवी हाव-भाव से बिल्कुल विपरीत।

दिप्ति उसकी ओर झुक आयी। "शर्मा साहब आपकी ही बात कर रहे थे। डॉक्टरी का तनख़्वाह बाँटने से क्या सम्बन्ध?"

"इन्हीं से पूछिए। अपने सब काम मेरे नाम लगा देते हैं। आज तो आप लोगों के आने का बहाना था।"

"तिब्बती लेबर को तनख़्वाह बाँटना बहुत झगड़े का काम है। दावा तामांग वल्द पावा तामांग। एक जैसे नाम। एक जैसी शक्लें। सब अंगूठा लगाते हैं। पावा

तामांग वल्द दावा तामांग। खूब इज़्ज़त है इनकी लेबर कैम्प में। इनसे कोई झगड़ा नहीं करता। जादूगर हैं। सबको ठीक कर देते हैं।"

"सच्ची बात तो यह है कि पिछले साल से इनकी काया पलट गयी है। तिब्बती दवाओं पर रिसर्च करते हैं। तिब्बती फिलासफी पढ़ रहे हैं।" शर्मा बोला। "मैं तो कभी सोच भी नहीं सकता था कि एक दिन की घटनाओं से किसी आदमी में इतना परिवर्तन आ सकता है। उस बाढ़ के दिन से तो ये बिल्कुल बदल गये हैं। पहले थे एकदम हठधर्मी। लकीर के फकीर। मेजर साहब की भी बात नहीं सुनते थे। हमेशा मैडिकल कोड सुनाते थे। पता नहीं उस दिन तीन बजे रात तक तिब्बती तम्बुओं में क्या कर रहे थे हज़रत। क्या जादू हुआ इन पर। बाढ़ के पानी में बहते-बहते किसी पेड़ की शाखाओं में फँस कर बच गये तो नहीं तो बहिश्त पहुँच गये होते। सुबह आठ बजे एक हाथ की हड्डी तोड़कर वापिस आ गये।"

"गहरे अनुभव से ज़िन्दगी बदल सकती है।" डॉक्टर ने शान्त भाव से कहा। "यह एक मनोवैज्ञानिक तथ्य है। अनुभव से आदमी बदलता है। गहरे अनुभव से भीतर तक बदल सकता है।"

"आपकी दिप्ति से ख़ूब बनेगी। ये भी ऐसी ही बातें करती हैं।" विनय ने कहा, "कल आप भी हमारे साथ चलिए। ख़ूब पटेगी आप से।"

"मैं तो चिकित्सा और मनोविज्ञान पर आधारित तथ्यों के अनुसार कह रहा हूँ।" डॉक्टर ने सफाई दी। शर्मा ने पहले सब को बताया था कि पिल्लै हर इम्तहान में हमेशा फर्स्ट आया था।

"तो मनुष्य को अनुभव की तलाश में रहना चाहिए।" दिप्ति डॉक्टर की ओर देखकर मुस्करायी। "बाढ़ के अपने गहरे अनुभव के बारे में हमें बताइए।"

इस बार डॉक्टर सचमुच ही शर्मा कर चुप रह गया।

"कुछ दाल में काला है।" दिप्ति ने शरारती भाव से उसे फिर उकसाया।

"जब आप चुंगथांग से लौटकर आयेंगी तो छांग और तूम्बे का बन्दोबस्त करेंगे। तभी इनकी ज़बान खुलेगी। लगता है कि तांत्रिक शास्त्र पर रिसर्च कर रहे हैं।" शर्मा डॉक्टर को छेड़ने का मौका नहीं चूका।

अगले दिन सुबह चलने से पहले विनय ने डॉक्टर को उनके साथ चलने के लिए राज़ी कर लिया। अगर ऊपर बर्फ़ में कोई बीमार हो गया तो सुविधा रहेगी, उसका कहना था।

"इनका बस चले तो पूरा हॉस्पिटल साथ ले चलें। इनके बैग में देखिए कितनी दवाएँ भरी हैं। कभी पहाड़ों में चले हों तो पहाड़ों का दस्तूर जानें। पक्के शहरी हैं", दिप्ति ने कहा।

"विनय ठीक ही तो कह रहे हैं।" समरेश विनय की हिमायत में बोला, "फिर

आप डॉक्टर से बहस भी कर सकेंगी।"

बिच्छू गाँव तक पहुँचते-पहुँचते ठन्ड बहुत बढ़ गयी थी। एक लम्बे घुमाव के बाद वे गाँव की लगभग आधे वर्गमील समतल घाटी में पहुँच गये। गाँव के आसपास सेबों के बगीचे थे। कुछ ऊपरी ढलानों पर भी। उनसे ऊपर चीड़ का घना जंगल था। युमथांग की ओर जाता रास्ता जंगल के बीच में से दिखाई पड़ रहा था।

"सुना है सिक्किम की सबसे सुन्दर स्त्रियाँ बिच्छू गाँव की हैं।" डॉक्टर ने कहा।

"आप काफी अच्छी रिसर्च कर रहे हैं।" दिप्ति ने डॉक्टर की ओर पीछे मुड़कर कहा।

"ऐसी सब खबरें मिस्टर शर्मा इकट्ठी करते हैं और फिर मैस में हमें सुनाते हैं।" डॉक्टर ने अपनी सफाई दी। "उन्हें स्त्रियों और सेक्स कें मामलों में बहुत दिलचस्पी है। पर मन ही मन चाहे कितनी कल्पनाएँ कर लें, वास्तविकता में स्त्री-पुरुष सम्बन्ध सदियों पुरानी सामाजिक रूढ़ियों के अनुसार ही चलते हैं।"

"दिलचस्पी तो आपको भी कम नहीं लगती। स्त्री साईकौलौजी पर बहुत किताबें पढ़ रहे लगते हैं। कल तो आप अनुभव से जीवन बदलने की बात कर रहे थे।" दिप्ति जीप के पीछे की सीट पर बैठे डॉक्टर से बातें करने में मग्न थी। विनय इस वार्तालाप से कुछ उद्धिग्न खिड़की से बाहर तिब्बती सीमावर्ती ऊँची पर्वत श्रृंखलाओं को देख रहा था। पीछे मुड़कर डॉक्टर से बातें करते समय जीप के हिचकोलों में दिप्ति के वक्ष बार-बार समरेश के कन्धें को छू जाते थे।

"मिस्टर शर्मा के लिए अनुभव की सम्भावना कहाँ हैं। कल आपसे बातें करना भी चाह रहे थे और सकपकाये हुए भी थे। आपके साथ तो दूसरे स्तर की बात थी। आप उनकी अपनी सामाजिक स्थिति के बारे में सोचिए। किसी स्त्री से किसी गम्भीर स्तर पर मिल सकने की न सम्भावना है न सामाजिक परम्परा। स्त्री से पहला गहरा सम्बन्ध विवाह के बाद जिसकी शुरूआत आपसी, भावनारहित, शारीरिक सम्बन्धों से होती है।"

"डॉक्टर। बिना किसी हिचकिचाहट के एकदम क्लिनिकल विश्लेषण करने में आप माहिर हैं।" विनय से किसी ऐसी बात करने की अपेक्षा दिप्ति कर ही रही थी।

"ओह! कम ऑन विनय। डोन्ट बी सच ए प्रूड।" दिप्ति की आवाज़ में तेज़ी थी। "तुम्हें तो अपने दफ्तर और स्टेट्स के मुताबिक सही बातें ही पसन्द आती हैं। इट इज़ सो बोरिंग।"

लेकिन इसके बाद डॉक्टर एकदम गुमसुम हो गया। शायद वह मनोविज्ञान की कुछ नयी किताबें पढ़ रहा था और दिप्ति का प्रोत्साहन पाकर विचारों की तरंगों में निर्बन्ध रूप से बह गया था। एकान्त में किताबें पढ़ने और दूसरों के साथ उन्हीं विषयों पर बातें करने में बहुत अन्तर है। बातों के मौखिक प्रवाह में तर्क एक नया रूप ले लेते हैं। अपने एकान्त में शान्त रूप से अध्ययन करते

समय लगता है कि तर्कसंगत तौर पर कोई सही बात किसी को भी समझायी जा सकती है। पर दूसरों के साथ अनौपचारिक रूप से बोलते समय अपने अचेतन में दबे अनेक अनुभव ऊपर उभर आते हैं और बौद्धिक तर्कों को लड़खड़ा देते हैं।

सड़क लगातार ऊँची उठती जा रही थी। वे देवदार के घने जंगल में से गुज़र रहे थे। सड़क के दोनों ओर बर्फ के नाले आने शुरू हो गये। दाहिने ओर लाचुंग नदी की घाटी के पार, एक वृक्षहीन काले पत्थर की विशाल चोटी थी जिसकी तेज़ ढलानों पर बहुत कम ही बर्फ रुक पाती थी।

"इनफैन्ट्री वाले इस चोटी को ब्लैक रॉक कहते हैं। इसके पार तिब्बत है। इन पथरीली चट्टानों पर कोई पक्की आबज़र्वेशन पोस्ट बनाना सम्भव नहीं है। हमारे कैम्प के पास से एक दुर्गम पैदल रास्ता इस चोटी के काफी पास तक जाता है और हर महीने इनफैन्ट्री की एक टुकड़ी ऊपर 'पेट्रोल' ड्यूटी पर जाती है। " समरेश ने कहा। "पिछले महीने तेज़ बारिश थी। पेट्रोल पार्टी के इन्चार्ज कैप्टेन ने रात मेरे साथ बितायी। शतरंज खेलने में माहिर। फिर दो दिन तक हम शतरंज खेलते रहे। हर दोपहर को वह वायरलैस पर अपने नये ऊँचे मैप रैफरेंस के साथ 'आल क्लियर' मैसेज हैडक्वार्टर को ट्रांसमिट कर देता था।"

"आप लोग सीमा की काफी चुस्ती से देखभाल कर रहे हैं।" दिप्ति ने कहा। "मैसेज भेजने के बाद काफी अफसोस से वह रोज़ मुझसे कहता था। ऊपर जाने से क्या फायदा। ये कमबख़्त चीनी शतरंज खेलना ही नहीं जानते।"

देवदार के ऊँचे पेड़ों के बीच 705 कम्पनी के छोड़े कैम्प की बैरकों के पास सामान की जीप में उनसे पहले पहुँच गये रामदत्त राम ने बाकायदा लन्च टेबल सजायी हुई थी।

"वाह! क्या सुन्दर जगह है। हवा में क्या खुशबू है।" विनय ने कहा। कैम्प के चारों ओर बर्फ से ढके पहाड़ धूप से चमक रहे थे।

दिप्ति देवदार के एक बड़े पेड़ के तने की गोलाई अपनी बाहों में समेटकर नापने की कोशिश कर रही थी। "इसकी उम्र क्या होगी?" उसने पूछा।

"आपके दादा-परदादा के ज़माने का है।" रामदत्त राम ने जवाब दिया। "ऊपर पेड़ कम हैं। वहाँ तो घनी बरफ है। कभी भी बादल छा जावें।"

लन्च के बाद रामदत्त राम ने फुर्ती से सारा सामान अपनी जीप में भरा और मनबहादुर के साथ आगे का बन्दोबस्त पूरा करने युमथांग रवाना हो गया। ड्राईवर सरवन सिंह को निसान जीप के पास छोड़कर ये देवदार के जंगल तक उतर आये एक बर्फ के नाले की ओर बढ़ गये। डॉक्टर पिल्लै अन्यमनस्क रूप से पहाड़ों की फोटो खींच रहा था।

"कम ऑन! चीयर अप डॉक्टर! इस साल की पहली बर्फ पर हमारी फोटो खींचो।" दिप्ति ने बर्फ का एक गोला बनाकर डॉक्टर पर फेंका। फिर फोटो

खींचते डॉक्टर के हाथ से कैमरा छीनकर उसे एक धक्के से बर्फ में गिरा दिया। और फिर बर्फ पर फिसलते डॉक्टर की फोटो खींचती रही।

"डॉक्टर यू आर ए वर्ल्ड चैम्पियन ऑफ हौरिजौंटल स्कीइंग।" दिप्ति ने कहा। तभी एक जीप की घुरघुराहट जंगल में गूँज गयी। "कौन यहाँ आया है। 'इनर लाईन' के इस वर्जित प्रदेश में तो सिक्किमी लोग भी फौजी इजाज़त के बिना नहीं आ सकते।" समरेश ने कहा।

जीप की आवाज़ नीचे कैम्प के पास रुक गयी। फिर सरवन सिंह आसाम राईफल्ज़ के हवलदार मेजर के साथ ऊपर आ रहा था।

"जै हिन्द साब!" हवलदार मेजर ने आगे आकर सेल्यूट किया। "हम मेन्शीथांग गया था। वहाँ बोला कि साब लोग ऊपर गिया है। अर्जेन्ट मैसेज साब।"

जगन्नाथ का विनय के नाम टेलिप्रिन्टर था। दिल्ली से जगन्नाथ और विनय के लिए अर्जेन्ट सम्मन। डिव कमांडर ने कल सुबह दस बजे एक हैलीकॉप्टर चुंगथांग भेजने का वायदा किया था। शाम को पाँच बजे बागडोगरा से दिल्ली की फ्लाईट पकड़नी है।

दिप्ति का मुँह सूख गया। "सिर्फ दो दिन की बात है विनय! जगन्नाथन से रिक्वेस्ट करो।"

विनय और दिप्ति का सारा सामान रामदत्त राम के साथ युमथांग जा चुका था। "सुबह चार बजे युमथांग से नॉन-स्टाप चलकर नौ बजे तक चुंगथांग पहुँच सकते हैं।" समरेश ने कहा। और कुछ सम्भव नहीं था। ज़ाहिर था कि विनय का जाना ज़रूरी है। लेकिन दिप्ति? पर वह तो उन दोनों के आपस में तय करने की बात थी।

युमथांग पहुँचते-पहुँचते पहाड़ों की चोटियों से घाटी तक का विस्तार बर्फ की चादर से ढका था। सरवन सिंह ने जीप के पहियों पर लोहे की चेनें चढ़ा दी थीं। पर आखिरी चार-पाँच मील में ही उनकी ज़रूरत पड़ी। डाक बंगले से धुँआ उठ रहा था। भोज के इक्का-दुक्का वृक्षों के अलावा कोई पेड़ नहीं दिखाई देता था। सामने मैदान में बर्फ के नीचे बहती पानी की धारा किसी-किसी जगह हट गयी बर्फ में से दिखाई दे रही थी। डाकबंगले के दोनों कक्षों में रामदत्त राम ने लकड़ी की तेज़ आग जला रखी थी। बाहर बरामदे में लकड़ियों को ढ़ेर लगा था। रामदत्त राम के बन्दोबस्त में कहीं कोई कमी नहीं थी।

रात के खाने के वक़्त विनय ने कहा कि दिप्ति उस के साथ वापिस लौट जाना चाहती है पर अब इतनी दूर आने पर इतनी जल्दी लौटने का कुछ मतलब नहीं है खासतौर पर जब कि वह कई दिन गंगटोक में नहीं होगा। और फिर व्हाइट क्रिसमस न मनाना तो अपशकुन होगा। उसने समरेश से अनुरोध किया कि क्या वह दिप्ति को वापिस छोड़ने गंगटोक़ तेक जा सकेगा? तय हुआ कि दिप्ति को

डॉक्टर के साथ युमथांग छोड़कर सुबह चार बजे समरेश और विनय चुंगथांग जायें और फिर समरेश के लौटकर आने पर अगले दिन पूरी पार्टी वापिस प्रस्थान करे।

"मेम साहब का ख़याल रखियेगा।" सुबह चलते वक़्त समरेश ने रामदत्त राम से कहा।

"आपका हुकुम सर! हमारा बेटी समान हैं। मेम साब का बिल्कुल फिकर मत करो आप।"

कमरे के दरवाज़े पर विनय को विदा करती दिप्ति सुनकर मुस्करा दी।

10

दिप्ति ने अपनी डायरी में लिखा

बर्फों का घर युमथांग। विश्वास नहीं कर पाती कि मैं सचमुच यहाँ हूँ। परी देश जैसा वातावरण। आज दोपहर बाद बादल आ गये पर रोशनी अभी भी काफी है। बादल सफेद हैं। और पहाड़ों और बर्फ से भरी यह घाटी भी। सिर्फ ऊपर आकाश में कहीं कहीं फट गये बादलों के बीच नीला आकाश झाँक रहा है। नीचे मैदान की बर्फ में दबी नदी का पानी चट्टानों के पास जहाँ-जहाँ बर्फ हट गयी है वहाँ दिखाई देता है और उसकी हल्की बहती आवाज़ मेरे साथ है। डॉक्टर के साथ मैं बर्फ में घूमती रही। डाकबंगले की लाल छत पर भी ख़ूब बर्फ जमी है। बरामदे में रामदत्त राम का विशाल शरीर स्थिर है। शायद बर्फ में घूमने के मेरे पागलपन में वह मुझे अपनी आँखों से ओझल नहीं होने देना चाहता। कहीं फिसल गयी तो? हाथी की तरह मज़बूत और विशालकाय। सुबह मुझे बेटी बोला । फिर इतना संकुचित, नम्र और आदरपूर्ण व्यवहार। आठ बजे मनबहादुर के साथ चाय भेजी। कमरे से बाहर मनबहादुर को दीं पूरी हिदायतों को मैं सुनती रही। इस सीधे-सीधे देहाती में कितनी गरिमा और भद्रता है। बचपन के दिनों के बाद से मैंने क़भी अपने आपको इतना सुरक्षित नहीं महसूस किया।

दिसम्बर के अन्त में इस बीहड़ प्रदेश में आना पागलपन ही तो है। विनय कैसे मान गया? जैसे शकुन-अपशकुन का मैंने कभी ख़याल किया हो। पिछले साल विनय की बड़ी बहन न्यूयार्क आयी थीं। "करवा चौथ! वह क्या होता है?" वे मेरा मुँह देखती रह गयी थीं। इन परिपाटियों पर चलना मेरे लिए सम्भव नहीं है। अगर हो सकता तो शायद जीवन सरल हो जाता जैसे उस सब स्त्रियों का जो उस दिन बौर्डर रोड हैडक्वार्टर के डिनर में चुपचाप सोफासेटों पर बैठी रही थीं। पर वे इस परम्परा से बँधी हैं, बचपन से इसमें पली हैं, परम्पराओं की मान्यताओं और वर्जनाओं का उद्देश्य और अर्थ पूछे-समझे बिना, आदर और विश्वास की भावना से उन पर चलती हैं। पर मेरा विश्लेषणात्मक मन परम्पराओं को उस भक्ति भाव से स्वीकार नहीं कर पाता। अपने मानस में आदर और विश्वास की भावना पाये बिना

मैं इन कर्मकाण्डों पर नहीं चल सकती। मेरी सच्चाई तो वही है जिसे भावनात्मक स्तर पर महसूस करा सकूँ। पर फिर यह विवाह! आदर और विश्वास की कितनी भावना अब इसमें शेष है?

रामदत्त राम ने कितनी अच्छी आग जलायी थी। कमरा एकदम गर्म था। चारों ओर से बन्द कमरा और धुँएं का नाम-निशान भी नहीं। मेरा मन हुआ कि बाहर जाकर बरामदे में बैठूँ। दो दिन बाद शरद-पूर्णिमा होगी। चाँदनी रात में बाहर की उस बर्फीली दुनिया ने एक नया सौम्य रूप ले लिया होगा। मनुष्य सभ्यता से अनछुआ, यूरोप के वैसे ही बर्फीले प्रदेशों से कितना भिन्न, निरंकुश अक्षत सौन्दर्य। पर विनय को बहुत सुबह जाना था। वह जल्दी सोना चाहता था। बदन से हटते वस्त्रों के मध्य मेरे वक्ष पर उसके हाथ और ओंठों का स्पर्श। और फिर सदा की भाँति मेरी मनोदशा की पूर्ण अवहेलना में मेरे शरीर का पूर्ण उपभोग करने का प्रयास। वापिस जाने से पहले अपनी सम्पत्ति के आस्वादन का तो उसका अधिकार था। मेरी यहाँ आने की इच्छा उसने पूरी की थी। इस अनहोने हिम प्रदेश तक मुझे लाया था। मै अनुगृहित थी। अपनी कृतज्ञता को बोझ उतारने का सरल मार्ग था सहयोग। इस स्तर पर कितना अपरिष्कृत, कितना स्थूल, केवल अपने यौन उछाव की तृप्ति में खोया विनय। मेरे अनिच्छुक समर्पण की भावना देख भी नहीं पाता। शिथिल रूप से अपने शरीर पर उसका भार मैं महसूस करती रही। मैं विनय को सुखी देखना चाहती हूँ। लेकिन क्या वह नहीं देख पाता कि हमारा भविष्य किस ओर जा रहा है? वह जानता था कि मैं वापिस नहीं जाना चाहती और उसके साथ लौटने का मेरा आग्रह तो केवल एक औपचारिकता मात्र थी। क्या अपनी उस उदारता का पूरे से पूरा मूल्य वापिस जाने से पहले वह वसूल कर लेना चाहता था? उफ! कैसे विचार मन में उठ रहे हैं? पर इस डायरी को अपने मन की पूरी ईमानदारी से लिखना मैं बहुत पहले तय कर चुकी हूँ।

"मैं सोच रहा था कि आखिर में आप अपने पति के साथ वापिस चली ही जायेंगी।" डॉक्टर ने कहा। बरामदे की धूप में मनबहादुर ब्रेकफास्ट लगा रहा था।

"तुम्हें अकेला छोड़ जाती।" 'आप' को छोड़ 'तुम' ही ठीक था डॉक्टर के लिए। उसे आत्मीयता की ज़रूरत थी। मुझे भी। और फिर डॉक्टर में बौद्धिक अनुशासन का संयम है। अपने नये आयामों की दुनिया में खोये, प्रतिभाशाली डॉक्टर की साफ-सुथरी आत्मीयता में एक ताज़गी है, एक निर्मलता है। "तुमने बाढ़ वाली अपनी कहानी भी तो नहीं सुनाई।"

"मेम साब जी! रामदत्त साब बोला कि नदी के पास की बर्फ में मत जाओ। पोली बर्फ में ख़तरा बोलते हैं।" मनबहादुर ने कहा। "सड़क-सड़क घूमना ठीक है।"

बर्फ भरी युमथांग घाटी के बीचोबीच बनी कच्ची सड़क बहुत आगे तिब्बत

सीमावर्ती डोंगकुंग दर्रे की ओर गयी थी। मई तक के छः महीनों में सड़क पर किसी तरह के यातायात की सम्भावना नहीं हो सकती। इन महीनों में संसार की सबसे ऊँची उन फौजी चौकियों का बाहरी दुनियां से सम्बन्ध सप्ताह में केवल एक बार वहाँ जाते हैलीकॉप्टर तक ही सीमित था।

धूप में तेज़ गर्मी थी। पर धूप से हटते ही ठन्ड। तापमान शून्य से कई अंश नीचे होगा। लन्च तक मैं डॉक्टर के साथ घूमती रही। और अब अपने कमरे में जलती आग की गरमाई में बैठी लिख रही हूँ।

"डोमा उस एक्सीडेंट में चमत्कारिक रूप से बच गयी।" डॉक्टर मुझे बता रहा था। शर्मा ने कहा था कि बाढ़ की रात डॉक्टर उसी लड़की के साथ नाच रहा था। "मेन्शीथांग से लाचेन की ओर चढ़ती सड़क की पहली कटाई सिर्फ चार फुट चौड़ी थी जब ऊपर से लुढ़क आये पत्थरों से बचने के प्रयास में डोमा खड्ड में गिर पड़ी थी। हॉस्पिटल में बेहोश लायी गयी। सिर और पीठ पर चोंटें और हाथ की टूटी हड्डी। बहुत खून बह चुका था। उसकी माँ का ख़याल था कि कुछ ही घंटों की मेहमान है।"

"और डॉक्टर लामा ने उसे बचा लिया।" मैंने कहा।

"शायद सिर्फ बाद में उस भयानक बाढ़ में बह जाने के लिए।" साल भर बीत जाने के बाद भी उसकी आँखें छलछला आयी थीं। "उन्नीस साल के शरीर में अपने आप को पुर्नगठित करने की अपार क्षमता होती है। डेढ़ महीने बाद वह पूरी तरह ठीक थी। मेरे पहले तिब्बती चमत्कार की सूचक। उस समय से तिब्बती समुदाय से मेरा लगाव शुरू हुआ था।"

"समुदाय से या डोमा से?"

"किसी से भी समझिए। पर मैंने एक नयी दुनिया पायी। जीने का एक नया तरीका देखा। हम लोग अपने भविष्य और उन्नति की चिन्ता में हरदम परेशान रहते हैं। और ये लोग! अपने देश और घर-बार से बहिष्कृत। न भूत और न कोई भविष्य। लेकिन हमसे कहीं अच्छा वर्तमान। भूत और भविष्य के भार से विमुक्त रोज़ के जीवन का सीधा-सादा आनन्द। शुष्क, भावना-रहित, परिपाटियों के बोझ और कुण्ठा से दबे हमारे जीवन से कितनी भिन्न थी इनके आपसी सम्बन्धों की सीधी सरलता।"

"तुम डोमा से प्रेम करते थे?" मैंने पूछा।

"कैसा प्रश्न पूछ रही हैं आप! प्रेम का मतलब क्या होता है? इस शब्द के इतने रूप हैं खासतौर पर स्त्री और पुरुष के सन्दर्भ में। कविताओं में एक रोमांटिक स्वरूप है, और शर्मा जैसे कुण्ठाग्रस्त लोग एक भौन्डे अभद्र रूप में इसका प्रयोग करते हैं। किसी शब्द का अर्थ होता ही क्या है? शब्द तो भावना का प्रतीक मात्र है। भावना की सूक्ष्मता और गहराई व्यक्ति विशेष पर निर्भर करती है। एक

ही शब्द से व्यक्त भावना को अलग-अलग व्यक्ति कितने भिन्न स्तरों पर अनुभव करते और जानते हैं।"

"डॉक्टर तुमसे किसी बात का सीधा जबाव पाना बहुत मुश्किल है।" मैंने फिर कहा।

"ईमानदारी से तो वही जवाब दे सकता हूँ जो मेरी समझ में आता है। मेरी और आपकी समझ अलग तरीकों की हो सकती है। मुझे उस तिब्बती समुदाय से, डोमा से, सत्कार और आदर मिला जिसे मैं गहराई तक महसूस कर सका। और आदर किसी भी मैत्री और आनन्द का मूल है। उस अन्तिम दिन जो कुछ भी मैंने अनुभव किया और समझा शायद उसके उस दुःखद नाटकीय अन्त के कारण मन में बहुत गहराई तक पैठ गया है। अचेतन में भरे जीवन-अनुभवों की सच्चाई का चेतन में उभर आना ही तो उसे दिन प्रतिदिन के जीवन की असलियत बना सकता है। शायद सच यही है कि हम उसी समझ तक पहुँच सकते हैं जिसका मूल पहले ही हमारे मन में कहीं हो। दूसरे लोग तो केवल उपकरण, माध्यम, और उत्प्रेरक मात्र ही होते हैं।"

"उस रात को फुटबाल फील्ड में मेला लगा था। कई दिनों से बरसात हल्की पड़ती जा रही थी और धूप बढ़ती गयी थी। नदी का पानी उतरना शुरू हो गया था। मेजर सदाशिव और हम सब का ख़याल था कि बाढ़ का ख़तरा टल गया है। ख़तरा हटने के उपलक्ष्य में मेजर सदाशिव ने आफिसर्स मैस में हमें व्हिस्की पिलायी। वहीं शर्मा से मेरा झगड़ा शुरू हुआ और मैं तिब्बती कैम्प की ओर चल दिया।"

"पूरे चाँद की रात थी। मैदान में आग जलाकर तूम्बे और छांग के खुमार में झूमते स्त्री-पुरुष नाच रहे थे। आग पर भुनते माँस की गन्ध, संगीत की ताल और लपकती आग में झलक आते हँसते चेहरों के उन्माद ने मुझे सहसा उस वातावरण में समेट लिया। डोमा के दोनों हाथों में अपने आप को सौंपकार मैं अटपटे कदमों से नाच की तेज़ होती लय के भँवरों में खो गया। उस रात बहुत देर तक आग बुझने के बहुत बाद तक डोमा के बढ़ते स्पर्श की सुखद चेतना मैं अपने शरीर की धड़कनों में महसूस करता रहा। उस शारीरिक सम्पर्क का स्वर्णिम आनन्द मेरी अनजान अतृप्तियों को पूरा करता गया। शैशव काल के विस्मृत स्पर्श-अनुभव को पुनर्जीवित कर मन को उस प्रारम्भिक रस की मधुर उष्णता से भरता गया। प्रेम सम्बन्ध अंग्रेजी में 'लव मेकिंग', उस सम्पूरक अनुभव, उस सम्पूर्णता का कितना छोटा संकेत है। अगर मैं कहूँ कि उसने मुझे छुआ था तो शायद उस भावना को कहीं अधिक गहराई तक व्यक्त कर सकूँगा।"

जीप की आवाज़ है। डायरी लिखना छोड़कर मैं आवाज़ सुनती रही। निसान

जीप की आवाज़ मैं पहचानती हूँ। फिर भी अपने कमरे से बाहर आकर देखा। रामदत्त राम सामान वाली जीप को डाकबंगले के दूसरी ओर ले जा रहा था। चार बज रहे थे। दस बजे चलकर समरेश अब तक यहाँ पहुँच सकते थे। पर मैं कैसी गलती कर रही थी। लगातार दस घंटे की जीप यात्रा कहाँ सम्भव है? हैलीकॉप्टर समय से आने पर भी कुछ देर तो चुंगथांग रुका होगा। फिर दोपहर का लन्च शायद बिच्छू गाँव में, जहाँ की स्त्रियाँ बहुत सुन्दर हैं। अंधेरा होने तक ही आ पायेंगे।

"साहब ने बोला था पाँच बजे तक आ जावेंगे", रामदत्त राम ने कहा। मैं शाम की आखिरी धूप में डाकबंगले के सामने टहलती रही। मनबहादुर डॉक्टर और समरेश के कमरे में क्रिसमस पार्टी के लिए नीचे से लायी चीड़ की शाखा टेबल के साथ बाँध कर खड़ी कर रहा था। मुझे देखकर चाय लाने चला गया। डॉक्टर और मैं धूप में चाय पीते रहे। डॉक्टर चुप था।

"डॉक्टर तुम कितना बोल गये। साल भर से चुप रहे लगते हो।" मैंने कहा। "अब फिर चुप रहोगे पूरे साल।" और डॉक्टर सरल भाव से मुस्करा दिया।

रात घिर आने के बाद समरेश लौटे। "गंगटोक में तेज़ बारिश की वजह से हैलीकॉप्टर बहुत देर से आया। पायलट चुंगथांग से सीधा बागडोगरा वापस जाना चाहता था, इसीलिए जगन्नाथन साथ आये थे। आपके लिए पत्र भेजा है।"

लिफाफे में बन्द जगन्नाथन की तीन लाईन का खत : डीइटी, यू डिच्ड हिम। वैल डन! व्हैन बीस्ट इज़ अवे...। लव। जैग।

"खैरियत तो है?" समरेश ने पूछा।

"ही इज़ ऐ विकेड ओल्ड मैन!" मैंने पत्र समरेश की ओर बढ़ा दिया।

रात की पार्टी के लिए समरेश ने शैम्पेन की बोतल खोली। रामदत्त राम और सरवन सिंह को पार्टी में शामिल कर शैम्पेन पिलाई। डॉक्टर ने उन दोनों की बोतल की कीमत बतायी।

"सेब के सड़े रस जैसी बदबू आवे है।" रामदत्त राम ने मुँह बनाया।

मुझे अच्छा लगा कि समरेश ने उन दोनों को पार्टी में शामिल किया। कितनी तहज़ीब से उन दोनों ने हमारे साथ खाना खाया। थोड़ा संकोच, पूरा आत्मनियंत्रण, और कोई बेढंगापन नहीं। विनय की उपस्थिति में तो यह सम्भव नहीं होता। ज़ाहिर था कि विनय के जाने के बाद समरेश ने इस पिकनिक के नियम बदल दिये थे।

11

"मनबहादुर कह रहा था कि यहाँ से एक कच्चा पहाड़ी रास्ता नेपाल सीमा तक गया है।" डॉक्टर ने कहा। "बोलता था कि दो दिन का मार्च और उसके बाद हवाई जहाज़ से पैंतालिस मिनट में काठमाण्डू। हवाई जहाज़ न मिले तो सात दिन का पैदल रास्ता।"

"बच निकलने का रास्ता वही है। चीनी लोग अगर उत्तरी सिक्किम पर धावा बोल दें तो आसाम राईफल्ज़ की बटालियन तो हमला दिन भर भी नहीं रोक पाएगी। चीनी लोग नेपाल की ओर कभी नहीं जायेंगे।" फिर कमरे से बाहर अपने हाथ से ऊपर की ओर इशारा करते हुए समरेश ने कहा, "ऊपर के घने जंगलों में से होकर रास्ता पहाड़ पर सीधा ऊपर चढ़ता है। एक दिन मैं मनबहादुर के साथ बहुत ऊपर तक गया था। पहले बाँस का जंगल है, फिर चीड़ और चोटी के पास देवदार के ऊँचे वृक्ष।"

कमरे से बाहर धूप तेज़ थी। कल दिनभर बारिश होने के बाद बिल्कुल साफ आसमान। युमथांग में क्रिसमस पार्टी चलते-चलते बर्फ पड़नी शुरू हो गयी थी। पूरी सुबह हवा में तैरते बर्फ के फाहे डाकबंगले को अपने शुभ्र श्वेत कम्बल से ढँकते गये थे। दिप्ति एक छोटी बच्ची की सी उन्मुक्ता से डाकबंगले के बाहर मैदान में बर्फ के गोले बनाकर डॉक्टर और समरेश पर फेंकती रही। जैसे कि विनय के जाने के बाद से वातावरण में आयी सरलता में खिल आयी हो। ग्यारह बजे तक बर्फ बन्द न होने पर रामदत्त राम ने नीचे उतरने के लिए जीपें तैयार करवा दीं।

"साब जी! बरफ बढ़ती जावे है। काश्मीर में ज़ोज़ीला दर्रे से परे एक बार ऐसी ही बरफ में हमारी गाड़ियाँ फँस गयी थीं। पता ना चले कि सड़क किधर और नदी किधर । पूरे दो दिन गाड़ियों में पड़े रहे। "

युमथांग से चार मील नीचे तक सड़क बर्फ से पूरी तरह ढकी थी। कई जगह मनबहादुर और रामदत्त राम जीपों से आगे पैदल चलकर सड़क के मोड़ों का सही अन्दाज़ा बना कर जीपों को धीरे-धीरे आगे आने देते। 705 कम्पनी के पुराने परित्यक्त कैम्प तक पहुँचते-पहुँचते दोपहर ढल आयी। सड़क पर अब बर्फ नहीं

थी। और फिर दिप्ति के आग्रह पर वे काफी देर वहाँ रुके रहे। जैसे उसका वापस आने का मन ही न हो। एक रात मेन्शीथांग में गुज़ार कर अगले दिन वे लन्च के लिए समरेश के कैम्प पहुँच गये थे। कैम्प से डेढ़ सौ फुट ऊपर बने समरेश के कमरे के पास चीड़ के एक झुरमुट में थोड़ी समतल ज़मीन थी जहाँ मनबहादुर कुर्सियाँ लगा रहा था।

"डॉक्टर! चलो मेरे साथ नेपाल। इस लड़ाई झगड़े की दुनिया से दूर। तुम अपनी डिस्पेंसरी खोल लेना और मैं कविता लिखूँगी। जब बाहरी दुनिया में आने का मन किया तो पैंतालिस मिनट में हवाई जहाज़ से काठमाण्डू या दो दिन के मार्च से समरेश साहब के कैम्प में आ जायेंगे।" दिप्ति डॉक्टर से कह रही थी।

"कब जायेगा मेम साब!" मनबहादुर बोला, "अभी महीना तक रास्ता में बरफ होगा। साहब भी बोला था उस दिन नागभूषण साब के साथ जाने को।"

"नागभूषण! ट्रेज़री चेस्ट होल्डर।" डॉक्टर की आवाज़ में ताज्जुब था। "आप उस बूढ़े नागभूषण के साथ नेपाल जायेंगे? दवा की चार गोलियाँ खाये बिना तो वह सौ कदम भी नहीं चल सकता।"

दिप्ति को हँसी आ गयी। फिर समरेश ने बताया, "अन्य विभागों के सरकारी अफसरों को बौर्डर रोड्स में लाने का लालच है : एक दर्जा प्रोमोशन। उसी लालच में अपने आख़िरी एक्सटेंशन के आखिरी साल सिक्किम के बियाबान पहाड़ों में आ फँसे अकाऊँट्स आफिसर नागभूषण की ड्यूटी है कि कलिम्पोंग ट्रेज़री से रुपया निकालकर महीने की तनख़्वाह बाँटने के लिए हर यूनिट में पहुँचा दे। कुछ दिन पहले जीप खराब हो जाने पर उसे रात को मेरे कैम्प में रुकना पड़ा। साढ़े चार लाख रुपये के नोटों से भरे लोहे के मज़बूत सन्दूक को मेरे कमरे में अपनी खाट के नीचे रखवाने के बाद वह देर रात तक मुझसे आत्मा-परमात्मा और ईश्वर से एक हो जाने की बातें करता रहा। तंग आकर मैंने कहा, "नाग भूषण साहब! संस्कृत का एक पुराना श्लोह है : यस्यास्ति वित्तं स नरः कुलीनः, स पण्ड़ितः स श्रुतवान्गुणज्ञः। स एव वक्ता स च दर्शनीयः, सर्वे गुणा कञ्चनमाश्रयन्ति।। धन ही सब गुणों का मूल है। जिसके पास धन है उसी में सब गुण सम्पन्न हैं। धर्म और ईश्वर की इतनी चिन्ता के बदले अच्छा यही रहेगा कि आज रात को आपका काम तमाम कर मैं इस लोहे के सन्दूक को समेट रातोंरात कच्चे रास्ते से नेपाल चला जाऊँ और समस्त गुण सम्पन्न हो जीवन भर अपना जीवन शान्ति और आनन्द से गुज़ारूँ।"

"बेचारे नागभूषण की आधी जान ही जैसे निकल गयी। हकलाते हुए उसने फिर भगवान से एक हो जाने की बात करने की कोशिश की पर उसकी आवाज़ में ऐसी मिमियाहट थी कि मेरे लिए अपनी हँसी रोकना मुश्किल हो गया। जो कसर बाकी थी उसे पूरा करने के लिए मैं मनबहादुर से नेपाल जाने के रास्ते के बारे में

पूछता रहा। बेचारा नाग भूषण सारी रात एक झपकी भी नहीं सो पाया।"

"आपको शर्म नहीं आयी एक बूढ़े आदमी को तंग करते हुए?" दिप्ति ने कहा। "आप तो अभी खुद नेपाल जाने की बात कर रही थीं।" समरेश ने कहा। कुछ देर रुक कर वह फिर कहता गया, "अपने आप को धोखा देने की तरकीबें ढूढ़ने में भारतीय संस्कृति का धार्मिक आडम्बर बेमिसाल है। ठीक ही तो है। सुख और दुःख की असलीयत ही क्या है? केवल वह जो कि मन मान ले। टैकनीक ठीक हो, जैसे कि पूर्वजन्म और कर्मो का फल आदि आदि, तो हर परिस्थिति में मन को बहका कर दुःख को सुख में बदला जा सकता है। कितनी अच्छी बात है कि एक चूहे पर विराजमान सूँडधारी भगवान सबकी रक्षा करता है, सबको शान्ति देता है।"

"पहले नास्तिक था। मैं सोचता था कि अनबुझे अनदेखे भगवान में आस्था रखने के बदले हाड़माँस के मनुष्य में अपना विश्वास रखना चाहिए। फिर बीतते जीवन के अनुभव से लगा कि मनुष्य के बदलते स्वभाव अविश्वासनीय है। उन पर निर्भर होना अपने को ख़तरे में डालना है। अच्छा यही है कि भगवान में विश्वास रखा जाये क्योंकि भगवान का कोई अता-पता नहीं, कोई जवाबदेही नहीं, कोई रिश्ता नहीं, और इसीलिए उससे कोई पक्की अपेक्षा और धोखा नहीं।"

"हे भगवान! कैसे अनुभवों में तूने इनको डाला, आस्तिक बनाने के लिए।" दिप्ति शरारती लहज़े में बोली।

"नहीं भाई मेरी कोई लम्बी-चौड़ी आस्था नहीं है।" समरेश ने कहा, "सम्पूर्ण रूप से किसी एक विश्वास पर निर्भर होना ख़तरे से ख़ाली नहीं है। मनुष्य को अवलम्ब की कई सतहें बनानी चाहिए। फिलासफी, जो पूछती है कि जीवन क्या है, क्यों है, पर सब जवाब नहीं दे पाती। सौन्दर्य सम्वेदना, जो नैतिकता का मूल है। और फिर मनुष्य सम्बन्ध। भगवान को भी इन सबमें शामिल किया जा सकता है। इन सबमें कहीं भी ठोकर लगे तो संभलने के लिए अगली लाईन तो है।"

"आप काफी दुःखी लगते हैं।" दिप्ति ने कहा, "ज़िन्दगी को इतने हिस्सों में बाँटने की ऐसी क्या ज़रूरत आ पड़ी। मामला गम्भीर लगता है। किसने ऐसा दिल तोड़ दिया कि भागे भागे सिक्किम पहुँच गये फिलासफी की शरण में। सन्यासी लोग तो हरिद्वार जाते हैं।"

पेड़ों से आगे, साफ आसमान में कंचनजंगा की चोटियाँ धूप में चमक रही थीं। मनबहादुर बीयर की बोतलें मेज़ पर रख रहा था।

"मनबहादुर! साहब को जल्दी बीयर दो। कुछ ज़्यादा ही परेशान लगते हैं। कहीं सचमुच ही सन्यास न ले लें।" दिप्ति ने कहा।

डॉक्टर सामने के पहाड़ की चोटी पर बने गोम्पा को दूरबीन से देख रहा था। गोम्पा से कुछ नीचे एक कमरा बना था।

"उसे कमरे में कौन रहता होगा?" डॉक्टर ने पूछा।

"गोम्पा का मुख़्य लामा।" समरेश ने कहा "सुना है कि बीस से वह उसी कमरे में रहता आया है। सुबह के वक़्त कई बार मैं उसे गोम्पा की ओर चढ़ता देखता हूँ और शाम को उसी रास्ते वापिस अपने कमरे की ओर आते हुए। दूरबीन से चेहरा दिखाई नहीं पड़ता पर गहरे लाल कपड़ों में लिपटे शरीर की रूपरेखा आसमान के परोक्ष में उभर आती है। बीस साल से यही उसका जीवनक्रम है। कई बार मन किया कि जाकर उससे मिलूँ। पर घाटी बहुत गहरी है। एक दिन भर से अधिक का रास्ता है। जीवन गुज़ारने का वह भी एक तरीका है। लगातार भौतिक प्रगति को ढूँढती नयी मनुष्य सभ्यता कहती है कि ऐसा निष्क्रिय जीवन अर्थहीन है। पर सतत क्रियाशील जीवन का क्या अर्थ है यदि क्रिया-निमग्नता केवल अपने भीतरी मन को न पहचानने, उससे भागने का अवलम्ब मात्र बन जाये। यदि मनुष्य अन्य प्राणियों, जीव-जन्तुओं और वृक्षों की तरह प्रकृति के साथ एक सरल और समन्वित रूप से शान्तिपूर्वक रह सके तो इसमें क्या बुराई है?"

"सिर्फ हिमालय में ही यह सम्भव है। इन बर्फीली चोटियों को देखते हुए ही।" डॉक्टर ने कहा। "संसार के साधारण क्रम से बहुत ऊपर, इन विशुद्ध विराट चोटियों में कोई शक्ति है जो मन को नित्य प्रति के जीवन से बहुत दूर खींच ले जाती है। हिमालय के बिना इस देश की धार्मिक और दार्शनिक धारणाऐं बहुत भिन्न होतीं।"

"केरल में भी तो इतने सुन्दर पहाड़ हैं। इतने हरे-भरे नीले पहाड़। मुझे याद हैं हाथियों के वे झुण्ड जो मैंने टेकड़ी की घाटी में देखे थे।" दिप्ति ने कहा।

"लेकिन वे हिमालय से बहुत भिन्न हैं। उनके सौन्दर्य में हिमालय जैसी दुर्गम्य भव्यता और रोमान्च नहीं है। उनका प्रभाव मनुष्य स्थलीय है। शिव का तान्डव हिमालय के सिवा और कहाँ हो सकता है।" डॉक्टर ने कहा।

"और पार्वती को भूल गये। शिव की शक्ति, तान्डव की प्रेरणा, हिमालय की पुत्री पार्वती।" दिप्ति ने कहा, "इस देश में स्त्रियों को कोई नहीं गिनता। यूरोप में अभी भी पत्नी को 'बैटर हॉफ' (श्रेष्ठतर आधा भाग) कहते हैं।"

'बैटर' या 'बिटर' (कड़वा), समरेश ने कहा।

"आह हा! आप मज़ाक करना नहीं भूले", दिप्ति ने कहा। "खैरियत है। मैं तो सोच रही थी कि बुद्ध की तरह रात को चुपचाप उठकर सामने वाले गोम्पा भागने की तैयारी में हैं।"

"इस देश में पार्वती को कौन भूल सकता है। दुर्गा, महाकाली, चामुण्डी, मीनाक्षी। हज़ारों तो स्वरूप हैं स्त्री शक्ति के। अर्धनारीश्वर जैसी क़ल्पना जिसे मूर्तिस्वरूप में साकार किया गया। क्या पश्चिमी सभ्यता में स्त्री को किसी गम्भीर स्तर पर इतनी महत्ता दी गयी है?" डॉक्टर ने समरेश की ओर देखकर कहा।

“मेरे ख़याल से सवाल स्त्री या पुरुष की महत्ता का नहीं है। सवाल है मनुष्य जीवन समझने और जीने के आनन्द और मन की शान्ति का। सरल मार्ग है भक्ति भावना जिसमें ज्ञान मार्ग जैसा विश्लेषण, अनुभव, भावना की उथल-पुथल और मन्थन नहीं है। और फिर ज्ञान मार्ग के मन्थन से निकले अमृत को ग्रहण करने की सामर्थ्य न होने पर वह ज्ञान हलाहल समान जीवन को ध्वंस कर सकता है। हज़ारों वर्ष पहले मध्य एशिया के बर्फीले पहाड़ों से भारत के उष्ण उर्वर मैदानों में बसने पर पनपी इस सभ्यता ने जीवन के मूल स्त्रोतों के बारे में सैकड़ों सदियों तक सोचने पर पाया कि स्त्री और पुरुष का सम्बन्ध सृष्टि का—मनुष्य, पशु-पक्षी, और वनस्पति संसार का—आदि स्वरूप है। इस सम्बन्ध के विहंगम रूप समूचे भौतिक, मानसिक, भावनात्मक संसार को रचते हैं। मनुष्य परिस्थिति के सन्दर्भ में सवाल किसी स्त्री या पुरुष के व्यक्तिगत रूप का नहीं है, बल्कि सृष्टि के प्रवाह में उनकी सम्पूर्ण परिस्थिति का है।” समरेश ने कहा।

“पर किसी स्त्री या पुरुष की व्यक्तिगत इकाई को आप कैसे भूल सकते हैं। भारतीय संस्कृति कहती है कि समूची सृष्टि वही है जो हर प्राणी के अन्दर है।” दिप्ति ने कहा। “पर नित्य प्रति के व्यावहारिक जीवन को हम कैसे अनदेखा कर सकते हैं। धर्म, नैतिकता, मनोविज्ञान, सभी की अन्तिम कसौटी तो रोज़ का जीवन है। तब ही तो यूरोपीयन लोग कहते हैं कि हम हिन्दुस्तानी दार्शनिक बारीकियों से अपने को बहला कर अपने सामने की अप्रिय वास्तविकता को देखने से इनकार करते हैं।” फिर सीधे समरेश की ओर देखकर उसने कहा, “आप बताइए कि प्राचीन भारत में स्त्री की महत्ता का हमारे आज के जीवन की असलियत से क्या सम्बन्ध है?”

“अगर कुछ भी सम्बन्ध न होता तो आप यहाँ कैसे आतीं। यूरोप या अमेरिका में न रहने के बदले अपने जीवन की सम्पूर्णता भारत में न खोजतीं। कुछ आदर्श, रहन-सहन के कुछ तरीके आज भी अनेक स्थलों पर जीवित हैं, जिनकी झलकियाँ आप देखती हैं। स्त्री पुरुष सम्बन्धों के मूल मनोविज्ञान और भावनात्मक स्वरों में। पश्चिमी संसार के नितान्त व्यावहारिक और शुष्क भौतिकतापूर्ण जीवन से विभिन्न एक रस है जिसे आप पहचानती हैं।”

दिप्ति चुप रही। जैसे अपने मन में घूमते स्मृति चित्रों को देख रही हो। अपनी भेंट के पहले दिनों में भी तो उन्होंने ऐसी बातें की थीं।

“पश्चिमी जीवन हमसे भिन्न क्यों है?” डॉक्टर ने कहा, “आजकल जब संसार के हर देश के साथ संचार और सम्पर्क के इतने साधन सुलभ हैं तो विभिन्नता क्यों है? भौतिक और तकनीकी साधनहीनता और आर्थिक अभाव का भेद तो समझ में आ सकता है। पर भावना स्तर पर स्त्री-पुरुष सम्बन्ध क्षेत्र में तो सारा मानव जीवन एक समान है।”

"उल्टी बात कर रहे हो डॉक्टर!" समरेश ने कहा "भौतिक परिस्थितियों में परिवर्तन आना तो सरल है। मुझे कोई सन्देह नहीं है कि अगले पचास-साठ वर्षों में भारत तकनीकी साधनों को जुटाकर ग़रीबी और आर्थिक अभाव हटा लेगा। पिछली शताब्दी के आरम्भ में स्वीडन यूरोप का सबसे पिछड़ा और ग़रीब देश था। बीमारी और गन्दगी से भरा। सिर्फ साठ-सत्तर सालों में वह सब पूरी तरह बदल गया है। लेकिन सदियों के सामूहिक अनुभव से ढली मानसिक धारणाएँ बदलना इतना आसान नहीं है।"

"पर मनुष्य जीवन की मूल समस्याएँ अगर एक समान हैं तो मानसिक धारणाएँ अलग-अलग क्यों हैं? सामूहिक अनुभव में इतनी भिन्नता क्यों है?" डॉक्टर ने फिर पूछा।

"यह सोचने की बात है", समरेश ने कहा, "शायद बात वैसी ही है जैसी कि व्यक्तिगत मानव स्तर पर है। हम सब प्यार, सुख, और शान्ति चाहते हैं। पर अपने निजी व्यक्तित्व के अनुसार विभिन्न रास्तों से, विभिन्न स्तरों पर उन्हें ढूँढ़ते हैं। सवाल है कि अगर सब मनुष्य एक ही चीज़ चाहते हैं तो उसको ढूँढने के तरीके अलग-अलग क्यों हैं? हर प्राणी का व्यक्तित्व एक दूसरे से इतना भिन्न क्यों होता है?"

"अजीब बात यह है", दिप्ति सहसा बोली, "सृष्टि के आरम्भ से अरबों-खरबों मनुष्य संसार में रह चुके हैं। सबके एक समान शरीर, सबकी एक जैसी मूल आकांक्षाएँ। पर क्षण भर की दुविधा के बिना हम मान सकते हैं कि उन असंख्य मनुष्यों में से कोई भी दो मनुष्य कभी भी पूरी तरह एक समान नहीं रहे। सोचा जाए तो यह कितने आश्चर्य की बात है?"

"लेकिन संसार के भिन्न प्रदेशों में रहते मनुष्य समुदायों के सामूहिक अनुभव और फिर उनसे प्रेरित आंतरिक मनःस्थितियाँ इतनी भिन्न कैसे हो जाती हैं? जैसे कि हम भारतीय और पश्चिमी सभ्यता के भिन्न स्वरूपों की बात कर रहे थे।" डॉक्टर ने फिर कहा।

"मेरा ख़्याल है कि जलवायु का मनुष्य जीवन पर बहुत असर पड़ता है। जिन प्राकृतिक हालात में मनुष्य पलता है उनकी गहरी छाप उसके मन पर पड़ती है।" दिप्ति ने कहा, "उस दिन जब विनय इंडोनेशिया जाने की बात कर रहे थे तो मैं सोचने लगी कि इंडोनेशिया और साऊदी अरब दोनों मुश्लिम देश होने के बावजूद एक दूसरे से कितने भिन्न हैं। उन दोनों देशों में रहने वालों के रहन-सहन और मनस्थिति पर उनकी विभिन्न जलवायु और प्राकृतिक वातावरण का असर कितने साफ तौर पर दिखायी देता है। शायद इसी तरह भारतीय और यूरोपीय मनोदशा का अन्तर जलवायु से जुड़ा है।"

"ठीक कह रही हैं आप। एक बार मैं मई के महीने में जर्मनी गया था। इतनी

कड़ाके की ठन्ड थी। मैं सोचता रह गया कि पिछले दो सौ सालों की तकनीकी प्रगति और बिजली आदि आने से पहले के हज़ारों सालों में लोग यहाँ कैसे रहे होंगे। साल के तीन चार महीनों को छोड़, हमेशा ऐसी ठन्ड कि मनुष्य बहुत जतन करके ही अपने को जीवित रख सके। ऐसी हालत में स्वाभाविक है कि मनुष्य प्रकृति को एक बैरी के रूप में देखे। और तब मुझे याद आये कोणार्क के मन्दिर पर चित्रित असंख्य पशु-पक्षी और पेड़। मनुष्य और प्रकृति के सहज सामंजस्य के प्रतीक। इस देश की जलवायु में, खास तौर पर एक हज़ार वर्ष पहले जब कोणार्क मन्दिर बना था और भारत घने जंगलों से भरा था, इस देश में रहने वालों ने प्रकृति को बैरी रूप में देखने के बदले उसे जीवन के सम्पूरक एक मित्र रूप में जाना होगा। इसके बिल्कुल विपरीत, आधुनिक विज्ञान द्वारा आधिपत्य जमाने की पश्चिमी प्रेरणा का मूल है सदियों से चली आती वह भावना जो प्रकृति को एक शत्रु रूप में देखती है और जिस पर प्रभुत्व जमाना मनुष्य जीवन की सुरक्षा के लिए आवश्यक है।"

डॉक्टर बोला—"आप तो इस देश की जलवायु और भारतीय संस्कृति का ऐसा सुन्दर नक्शा खींच रहे है जैसे कि सब कोई, मनुष्य-पक्षी-वन प्राणी, बड़ी शान्ति और आनन्द से यहाँ रहते हों। किताबी फिलासफी को छोड़कर आज की रोज़मर्रा जिन्दगी में भरी इस देश की ग़रीबी और पिछड़ेपन से पैदा स्वार्थी अन्याय और क्रूरता को आप कैसे नज़रअन्दाज़ कर सकते हैं।"

दिप्ति विचारों में खो गयी थी। डॉक्टर की बात अनसुनी कर बोली—"कई बार मुझे लगता है कि पश्चिमी जीवन के हर पहलू में एक आक्रामक भावना के अधिस्वर हैं। शायद उसका भीतरी मूल सदियों से चले आते उस सामूहिक अनुभव में है जिसकी बात आप कर रहे थे। उस आक्रामक जीवन भावना ही ने शायद यूरोपीय सभ्यता को विज्ञान और तकनीकी क्षेत्रों में अभूतपूर्व सफलताएँ दिलायीं और सारे विश्व पर उसका आधिपत्य जमाया। मुझे लगता है कि पश्चिमी जीवन की परिष्कृत संस्कृति की सतह से कुछ ही नीचे उस आदिम भय से उत्पन्न आक्रामक भावना आज भी लरकती है और कुछ भी ठेस लगने पर उभर आती है।"

"क्या आप जानती हैं कि आधुनिक विज्ञान अनेक क्षेत्रों में अब ऐसे निष्कर्षों पर पहुँच रहा है जिन पर बौद्ध दार्शनिक सदियों पहले पहुँचे थे। औद्योगिक जीवन प्रणाली मनुष्य जीवन को व्यक्तिवादी अकेलेपन की ओर ले गयी है। और अब वैज्ञानिक शोध से यह माना गया है कि व्यक्तिगत जीवन की सीमा को शरीर की त्वचा तक ही सीमित समझना ग़लत है क्योंकि विचारों और भौतिक प्रतिक्रियाओं पर शरीर के आसपास के वातावरण में फैले विद्युत प्रभार का बहुत प्रभाव पड़ता है। कुछ ही वर्ष पहले भौतिक शास्त्र ने पदार्थ के स्थान पर शक्ति या ऊर्जा को संसार का मूल ठहराया था। अब वैज्ञानिक कहते हैं कि वास्तविकता ऊर्जा नहीं

बल्कि मनुष्य की चेतना है। बिल्कुल वही जो बौद्ध दर्शन में कहा गया है।"

"वास्तविकता का चेतना से क्या सम्बन्ध?" डॉक्टर ने कहा, "ऊर्जा और पदार्थ की बात तो समझ में आती है। आइंस्टाइन के सिद्धान्त के अनुसार ऊर्जा और पदार्थ को एक दूसरे में बदला जा सकता है। पर चेतना का इससे क्या सम्बन्ध?"

"आप कहते हैं कि पहले तो यह मेज़ लकड़ी के बदले ऊर्जा से बनी थी। और अब ऊर्जा भी नहीं सिर्फ आपकी चेतना से बनी है। वाह! वाह!" दिप्ति ने कहा।

"मैं नहीं कहता क्वांटम फिज़िक्स के नोबेल पुरस्कार विजेता वैज्ञानिक कहते हैं। बौद्ध दर्शन में भी यही कहा गया है।" समरेश ने कहा।

"बौद्ध दर्शन की बात छोड़िये। दीन-दुनिया से दूर गोम्पा में प्रार्थना चक्र घुमाते-घुमाते तो जो चाहे कह दें। आपका मतलब है कि चाँद, तारे, पहाड़, मनुष्य, शरीर सब कुछ असली नहीं है?" दिप्ति ने कहा, "अच्छी बात है। मनबहादुर! कल से साहब को बीयर और खाना-वाना कुछ नहीं चाहिए। सिर्फ चेतना से काम चलायेंगे।"

"पर यह बात तो भावनात्मक विश्लेषण और वैज्ञानिक अनुसंधान दोनों ओर से सिद्ध की गयी है।"

"डॉक्टर इनका ज़रा ख़याल रखना। फिलासफी के साथ-साथ अब फिज़िक्स भी पढ़ने लगे हैं।" दिप्ति ने कहा।

दोपहर ढल आयी थी। डॉक्टर को मेन्शीथांग वापस जाना था। "दो दिन से अपने दवाख़ाने में कदम नहीं रखा।" उसने कहा।

समरेश को भी दिप्ति को गंगटोक वापस छोड़ने जाना था।

"रामदत्त साब सिंघिक डाकबंगला घूम आया है।" मनबहादुर बोला, "रात रहने का इन्तज़ाम ठीक है। चौकीदार बोलता है बादल नहीं है। सुबह सबेरे कंचनजंगा साफ होगा।"

12

"समरेश!" उस रात पहली बार समरेश का नाम लेकर दिप्ति ने उसे बुलाया था। भर्राती हुई दबी सी हल्की आवाज़। आधी रात तक बिना सोये समरेश अपने कमरे में लेटा था जैसे किसी अपेक्षा में। दरवाज़ा खोलते ही पहाड़ों पर बिखरी चाँदनी मन में भर गयी। दरवाज़े के किनारे चाँदनी रात में भीगी दिप्ति एक आहट मात्र थी। "समरेश!" उसकी हल्की आवाज़ की कम्पन समरेश के शरीर में गूँजती गयी। दिप्ति के दोनों कन्धों पर हाथ रख समरेश ने उसका नीचे झुका चेहरा पूरी चाँदनी में ऊपर उठाया। न जाने कितनी देर तक वह चुपचाप उसकी आँखों में झाँकता रहा। इतनी पास कि साँसों की गरमाई एक दूसरे के चेहरे पर फैलती रहे। और फिर अपने दोनों हाथों में दिप्ति को उठाकर चाँदनी रात भरे बरामदे में उसके कमरे की ओर जाते हुए रात के झीने वस्त्रों में उभर आये और उसके सुगठित बदन की उष्णता को समरेश महसूस करता गया।

खिड़की से कमरे में भरती चाँदनी पूरे पलंग को उजला रही थी। सारी शाम जलती बुख़ारी की तेज़ आग से कमरा एकदम गरम था। भावनात्मक आकर्षण का टूटता संयम फिर उस चाँदनी की वस्त्रहीन उजलाहट के उन्माद और समागम में बहता गया। सब अंर्तबाधाओं को तोड़ एक दावानल का निर्बन्ध आदिम प्रवाह। तन और मन के सब कोने उस प्रवाह में ओतप्रोत हो एक अपूर्व स्पंदन पाते गये।

"समरेश! ओह समरेश!" अपने दोनों हाथों से उसने दिप्ति के हिलते ओंठ बन्द किये। फिर अपने ओंठों से। फूल भरी बेलों की तरह समरेश के शरीर पर लहराते दिप्ति के हाथों के उन्मादक स्पर्श की अनूठी सिहरन फैलने के लिए मूकता जैसे अनिवार्य हो। अंर्तमन और देह की गहराईयों और उभारों की अतृप्त ऊसर भूमि में बह आये उष्म अमृत रस की अद्भूत माधुरी मन में भरती गयी।

उस सामीप्य की गहराई में डूबे व दोनों शारीरिक सम्पर्क के विलक्षण आनन्द में बहुत देर तक खोये रहे। बिना कुछ कहे-बोले, सोचे-समझे, शरीर ने अपनी ही भाषा में एक अनूठी भावना उनमें भर दी थी जिसकी गहराई सिर्फ

महसूस की जा सकती थी। और फिर शारीरिक परितृप्ति के बाद चाँदनी रात से भीगे पलंग पर एक दूसरे को छूते शरीरों के सहज सम्पर्क और आलिंगन की शान्त समयहीनता फिर से उठती कामना के उछाव से भंग होती रही। जैसे काया स्पर्श के सिहरन की पुनरावृति ही उस रात को अपनी अनूठी सम्पूर्णता से भरना चाहती हो।

खिड़की से बाहर चाँदनी रात फीकी पड़ने लगी थी। कुछ देर में सुबह की पहली रोशनी उभरने लगेगी। धीरे-धीरे फैलती रोशनी में लॉन के अन्त पर बनी पत्थर की बैन्च से ऊपर कंचनजंगा के भव्य शिखर, गुलाबी, केसरी, पीले और फिर शुभ्र-श्वेत निखर आयेंगे।

"दिप्ति!" कोहनी के बल दिप्ति की ओर उठकर उसके चेहरे को छूते हुए समरेश ने कहा, "सुबह होने वाली है।" फिसल गयी चादर से बाहर झलक आये आवरणहीन उन्नत वक्षों को सहसा अपने हाथों से छिपाकर दिप्ति मुस्कुराई और फिर समरेश की आँखों को अपने हाथों से ढक दिया। मानों कि निकलते नये दिन के नियम कुछ और हों। "शर्म नहीं आती देखते हुए।" सुबह की पहली रोशनी में दिप्ति के शरीर की गदराई उष्णता को समरेश अपने आलिंगन में महसूस करता रहा। और फिर पलंग के आसपास बिखरे अपने कपड़ों को ढूँढकर वे कमरे से बाहर निकल आये। लॉन के अन्त में पत्थर की बैन्च पर बैठ कंचनजंगा की चोटियों को देखते हुए समरेश कन्धों पर लिपटी शाल से नीचे झूलते दिप्ति के लम्बें बालों को अपने हाथों से सहलाता रहा।

पर दिप्ति ने उसे रोक दिया। "तुम्हारे हाथों का स्पर्श मेरे मन को न जाने कहाँ भटका देता है।" दिप्ति ने कहा। "मेरे बाल नहीं सहलाओ नहीं तो मैं कंचनजंगा को अपने मन से नहीं देख पाऊँगी। तुम से बहुत कुछ कहना चाहती हूँ वह भी नहीं कह सकूँगी।" लेकिन वह फिर चुप रही। उसने कुछ नहीं कहा। सुबह की बढ़ती रोशनी में वे चुपचाप कंचनजंगा के रंग बदलते विभिन्न स्वरूपों को देखते रहे। घाटी की गहराई से एकदम बहुत ऊपर उठे शिखर के विस्तार में कंचनजंगा की विशाल शक्ति देखते हुए। सिक्किम की पवित्र देवी कंचनजंगा। बर्फों का घर। और उस शिखर के दूसरी ओर फैली चोटियों के अँचल में पेमयांग्त्से का प्राचीन गोम्पा जहाँ सदियों से सिक्किम का राजाओं का अभिषेक होता आया है।

"इन पर्वत शिखरों ने बचपन से ही मुझे अपने आकर्षण में बाँधा है। पर्वतारोहियों के साथ इन हिम-आच्छादित चोटियों पर चढ़ने की लालसा मुझ में रही है।" समरेश ने कहा। "और अब लगता है कि इस स्वच्छ बर्फ की शुभ्रता को अपने पैरों से कलुषित करने की कल्पना मात्र ही अपवित्र है।"

दिप्ति ने बिना कुछ कहे समरेश के हाथों को अपने हाथों में ले लिया। आपसी संसर्ग के नये बदले स्वरूप में। विचारों की सूखी दुनियाँ के क्यों, किसके, कैसे विश्लेषण से दूर, बीती रात के मधुर सम्पर्क के अभी तक बहते वर्तमान में। फिर समरेश के हाथों को अपने ओंठों पर उठाकर उसने कहा, "तुमने मेरे अधूरे जीवन को एक नया मार्ग दिया है। कंचनजंगा साक्षी है। मैं कभी नहीं भूलूँगी।"

मनबहादुर चाय की ट्रे लॉन में ले आया। और फिर उन दोनों के आसपास फैली उस विलक्षण विद्युती भावना के प्रभाव को अपने मन के किसी अनजान स्थल पर महसूस कर वह चुपचाप चाय रखकर वापिस चला गया। बहुत देर तक, धूप काफी ऊपर तक चढ़ आने तक, वे वहीं बैठे रहे। उस वातावरण की विराट, निश्चल, शान्ति में। फिर दिन चढ़ने के साथ साथ अचेतन से उभरते उस सम्पूर्ण अनुभव के अनेक चित्र चेतनता की देहली पर मँडराने लगे। और वे जान गये कि वापिस जाने का समय आ गया है। ड्राईवर सरवन सिंह दस बजे डाकबंगले में जीप ले आया। रामदत्त राम ने मेम साहब को सलाम भेजा था और लाचेन गाँव से खास मँगवाया कई रंग के मोटे ऊनी धागों से बुना एक कम्बल भी, उपहार स्वरूप।

"आपको मालूम है कि चार साल पहले रामदत्त राम की बेटी चल बसी थी। मेरी उम्र की थी। उस दिन युमथांग में मुझे बताया। उसकी मृत्यु के बाद ही रामदत्त राम ने बौर्डर रोड में भरती होना तय किया था।" दिप्ति ने कहा।

सरवन सिंह और मनबहादुर को जीप के पीछे बिठाकर गगंटोक की ओर वापिस जाते समय, कच्ची सड़क की धूल को गाड़ी में आने से रोकने के लिए जीप के सामने वाली केबिन, जहाँ दिप्ति और समरेश बैठे थे, और पीछे के हिस्से के बीच कैनवास के पर्दे खींच दिये गये थे। और तब समरेश को ख़्याल आया कि दिप्ति ने उससे बातें करने का तरीका बदल दिया था। सबके सामने 'आप' और एकान्त में 'तुम'। आत्मीयता और औपचारिकता की आवश्यकताओं के अनुकूल सही विभाजन।

गंगटोक दिखाई पड़ने से पहले पेनांग ला कर चढ़ती सड़क के आख़िरी मोड़ पर समरेश ने जीप धीमी कर दी। 'दिप्ति!' अपने हाथ से दिप्ति के चेहरे को छू कर अपनी ओर मोड़ते हुए समरेश ने कहा, "तुम्हें घर छोड़कर मैं वापिस लौट जाऊँगा। चाँदनी रात है। आधी रात तक कैम्प वापिस पहुँच जाऊँगा। तुम्हारे घर रात को रुकना अब मेरे लिए उचित नहीं है।"

मिलिट्री पुलिस का चेकपोस्ट, बौर्डर रोड हैडक्वार्टर, ग्रीन होटल और फिर बाज़ार से ऊपर दिप्ति के घर की ओर जाती सड़क पर वे चुपचाप ड्राईव करते रहे।

घर के कम्पाउँड में जीप रुकने पर अपना दाहिना हाथ समरेश के कन्धे पर रखकर दिप्ति ने क्षण भर के लिए उसे उतरने से रोका।

"समरेश", उसकी आँखों में सीधे देखकर दिप्ति ने कहा," अगले सोमवार को मैं तीन दिन के लिए कलिम्पोंग के हिमालय होटल पहुँच जाउँगी। कलिम्पोंग फौज और बौर्डर रोड्स के लिए आउट आफ बाउँड्स है। कोरोनेशन ब्रिज से प्राइवेट टैक्सी लेकर आने पर कोई तुमको नहीं पहचानेगा।"

13

दिप्ति की डायरी

तीनों बहनें तीस साल से यहाँ हैं। कहीं और जा सकने का प्रश्न भी नहीं है। बारी बारी से इंग्लैण्ड जाती हैं। पर स्थायी रूप से वहाँ रहने की अब कोई इच्छा नहीं है। सम्भव भी नहीं है। भारत बड़ी मेमसाहब की शान से रहने के बाद इंगलैण्ड के रोज़मर्रा जीवन के वास्तविक समाजवाद को चुनना कहाँ सम्भव है। अपना सब काम खुद करो। न बेयरा, न बावरची, न जमादार, न माली। कोई भी नौकर न होने की परिस्थिति अब इस उम्र में कैसे स्वीकार हो। और फिर इंग्लैण्ड के वर्ग अभिमानी समाज में उन साधारण स्तर वालियों को कौन पूछेगा? यहाँ जैसे ठाठ का तो सवाल भी नहीं हो सकता।

सिर्फ एक बहन की शादी हुई थी और दस साल पहले पति का देहान्त हो गया। बाकी दोनों को विवाह के उपयुक्त अवसर नहीं मिले हालांकि उसी आशा में वे हिन्दुस्तान आयी थीं। चालिस साल पहले, हवाई जहाज़ चलने से पहले के युग में, भारत आये अंग्रेज़ अफसरों को पाँच साल बाद पहली बार स्वदेश जाने की छुट्टी मिलती थी। उन थोड़े से दिनों में, छुट्टी खत्म होने से पहले, लगभग पूरा जीवन हिन्दुस्तान के धूल भरे गर्म मैदानों में बिताने को तैयार पत्नि ढूँढ पाना आसान नहीं था। इसलिए अविवाहित स्त्रियों के लिए स्वयम् हिन्दुस्तान आकर पति ढूँढना कठिन नहीं था। पर तीस साल पहले स्वतंत्रता आन्दोलन ने बहुत तेज़ी पकड़ ली थी और पूरा जीवन भारत में बिताने की हल्की पड़ती सम्भावनाओं के बीच अंग्रेज़ अफसर ऐसे व्यक्तिगत निर्णय लेने से हिचकिचाहते रहे थे।

"बड़ी उम्र का लाभ है कि जीवन को तटस्थ रूप से देखा जा सकता है।" एलिज़ाबेथ मौंटफर्ड लंच में मेरी टेबल पर बैठी थी। "मेरी बचपन की स्मृतियों के देश से आज का इंगलैंड कितना बदल गया है। सन् तीस का इंगलैंड तुम्हारे देखे सन् पचास के इंगलैण्ड से कहीं ज़्यादा खूबसूरत था मिसेज़ सिंह!"

संकुचित और बेचैन भावना से मैं अपना सूप पीती रही। "हे भगवान! एक झूठ को छिपाने के लिए कितने और झूठ बोलने पड़ेंगे!" मैंने सोचा। मिसेज़

समरेश सिंह नाम से होटल के ऊपरी कक्ष का सबसे अच्छा कमरा लिया था। अपनी शादी की तीसरी वर्षगाँठ मनाने हम कलकत्ता से आये हैं। कितनी तारीफ सुनी थी हिमालय होटल की। नयी तड़क-भड़क के होटलों से एकदम भिन्न, पुरानी दुनियां की शालीन सौजन्यता से पूर्ण। मेरे पति तीन दिन बाद दार्जिलिंग और फिर वहाँ से कलकत्ता वापिस लौटने के लिए हवाई जहाज़ की बुकिंग कराने बाज़ार में रुक गये हैं। (तीन घंटे से क्यों नहीं आये? लंच के लिए भी नहीं? अगर समरेश बिल्कुल ही न आये तो?) मैं होटल के सामने वाले लॉन और रिसेप्शन डेस्क के आसपास घूमती रही थी कि समरेश को आते ही ये सब कहानियाँ बता सकूँ। वहाँ घूमते-घूमते एलिज़ाबेथ मौन्टफार्ड से मुठभेड़ होना लाज़मी था। फिर मैंने ग़लती की इंगलैण्ड की बातें शुरू करके क्योंकि मैं वर्तमान स्थिति के बारे में कम से कम प्रश्नों में उलझना चाहती थी। पर इंगलैण्ड की बात सुनकर एलिज़ाबेथ ने मुझे पूरी तरह अपना लिया।

डाइनिंग हॉल में ठन्ड थी। अपनी शाल लेने मैं ऊपर कमरे में गयी। शीशे में अपने आपको देखा और फिर लिपस्टिक का थोड़ा अधिक गहरा शेड ओंठों पर लगाकर डाइनिंग रूम के दरवाज़े से देखा कि समरेश एलिज़ाबेथ के साथ बातों में मशगूल है। तीन घंटे की तपस्या जैसे बेकार हो गयी हो। इस जिज्ञासु औरत ने क्या-क्या बातें पूछ डाली होंगी?

“इण्डियन मेन हैव नो रेसपैक्ट फॉर विमेन!” ऐलिज़ाबेथ कह रही थी, “इमैजिन कीपिंग योर वाइफ वेटिंग फार थ्री आवरज़!”

इसके उत्तर स्वरूप समरेश ने खड़े होकर मेरे कुर्सी पर बैठने से पहले ही अपनी बाहों में भरकर मुझे ओंठों पर चूम लिया। “आई एम् सॉरी डार्लिंग!” उसकी आवाज़ शरारत से भरी थी। डाइनिंग हॉल में और कोई नहीं था। और एलिज़ाबेथ को तो वह जवाब दे ही रहा था। मैं शर्म से लाल हो गयी। क्या इसी चुम्बन की अपेक्षा में मैंने ओंठों पर लिपस्टिक लगायी थी? कुर्सियों पर बैठने पर भी वह मेरे हाथों को अपने हाथों में लिये रहा जैसे कि पत्नी से पूरा प्रेम न होने का संशय एलिज़ाबेथ के दिमाग से पूरी तरह निकाल दे। उस अंग्रेज औरत के मन में बैठी ‘इण्डियन मैन’ की रुक्ष प्रतिमा का पूर्ण प्रतिकार करने में जैसे कोई कसर न रह जाए। उसके हाथ के स्पर्श से मेरा पूरा शरीर झंकृत होता गया। मैं एक अभूतपूर्व रोमांचित स्थिति में लंच की मेज पर बैठी रही। समरेश को देखते हुए। उसके शरीर के सामीप्य से अपने रोयें रोयें में होते स्पन्दन को महसूस करते हुए। जैसे सिंघिक की उस रात को संयम के बन्धनों से विमुक्त सम्भोग के अपूर्व अनुभव ने जीवन को एक नयी धारा दे दी हो जिसकी आनन्द शक्ति ने मेरे मानस को एक सम्पूर्णता से भर दिया हो। शारीरिक तृप्ति और उत्कण्ठा का अपार सौन्दर्य और चतुर्मुखी प्रभाव जिसे मैंने पहले कभी नहीं जाना था। एक बार सुना था कि पुरुष

के साथ सन्तृप्त सम्भोग से स्त्री के चेहरे पर कान्ति झलक आती है। पहले कभी इसे महसूस नहीं किया। और अब लगता है कि शरीर के हर पोर में कान्ति की लहरें उभरी आ रहीं हैं।

उन तीनों दिन हम अपने कमरे से बाहर बहुत कम गये। दिन, दोपहर, रात, और सुबह एक दूसरे में विलीन होते गये पर शरीर के सब वर्ग इन्चों के स्पर्श की तृष्णा जैसे अतृप्त बनी रही हो। और फिर मैं समझी कि उस स्पर्श और सम्भोग का स्त्रोत शरीर नहीं था। उसका मूल भावना में था। हृदय और मस्तिष्क के अनजान कोनों में दबी भावना एक उन्मुक्त प्रवाह पा गयी थी। शारीरिक समागम की उत्कण्ठा अपने निषेधात्मक अपराधी रूप को तिलांजली देकर एक आल्हादपूर्ण स्फूर्ति से मन के कोने कोने को भरती गयी थी।

"यू सीम टु बी ऑन योर फर्स्ट हनीमून" ऐलिज़ाबेथ मौन्टफर्ड ने अगले दिन लंच पर कहा, "ब्रेकफास्ट इन बैड, डिनर इन द् रूम।" फिर हमारी टेबल पर आकर मेरे हाथ को चूमते हुए उसने समरेश की ओर देखकर कहा, "कान्ट ब्लेम यू विद सच ए लवली गर्ल फॉर ए वाईफ।"

कमरे में आती शाम की आख़िरी धूप में मैं समरेश के सोये चेहरे को देखती रही। भव्य ललाट, श्वास के साथ फूलती ऊँची नासिका, दबे बन्द ओंठ जिनके स्पर्श अनुभव के स्मरण मात्र से पूरा शरीर रोमांचित हो जाता हो। कितना कुछ भरा है इस सौम्य चेहरे के पीछे छिपे मस्तिष्क में जिसे मैं कभी भी पूरी तरह न जान पाऊँगी। और फिर मैं समरेश के हाथों की गिरफ्त में थी।

"हैमिंग्वे की एक किताब का शीर्षक हैः मेन विदाउट विमेन। किताब नहीं पढ़ी पर अब उस शीर्षक में जताये अभाव की गहराई समझ आती है।" समरेश ने कहा।

"और मैं विवाहिता थी पुरुष बिना। और अब अपने पति को धोखा देती एक गिरी हुई स्त्री की अपराधी भावना के बदले अपने को एक अनूठे ऊँचे स्तर की अनुपम शान्ति से भरा अनुभव कर रही हूँ।"

और फिर मैंने सहसा कहा था, "क्या मैं सुन्दर हूँ?" समरेश के हाथों का सौम्य कोमल स्पर्श पूरे शरीर को एक महकती दहक से भरता जा रहा था। मेरे नितम्बों पर थिरकते उसके हाथ फिर पूरे शरीर को सहलाते हुए मेरे वक्षों पर रुक गये। फिर कुचाग्रों को मुँह में लेकर जिव्हा के साथ वह उनसे खेलता रहा। जैसे मेरे प्रश्न का यही उत्तर हो। पर मैं अपना सवाल दुहराये बिना न रह सकी। उन अनहोने क्षणों के हर रस को बटोर लेने की आकांक्षा मानो मुझे अनूठे भावना स्तरों पर खींच रही हो।

उसने मेरे सवाल को सुना और फिर ऊपर उठकर मुझे देखता रहा। और फिर कहता गया, "तुम कितनी सुन्दर हो इसे मैं नहीं जानता। मेरा मन कहता है कि तुम संसार की सबसे सुन्दर स्त्री हो। मेरा शरीर मन के इस आदेश को मानता है

और तुम्हारे शरीर के स्पर्श आनन्द में मग्न हो जाता है। अगर मन में ऐसी सुन्दर मधुर भावना न रहे जिसका मूल है आदर और विश्वास, और जिसका केवल एक भाग मात्र है शारीरिक सौन्दर्य, तो इस स्पर्श का सम्मोहन और इन्द्रजाल बहुत देर नहीं चल पायेगा। नितान्त शारीरिक स्तरीय आवाहन बहुत शीघ्र ही हल्का पड़ जायेगा। फिर बिल्कुल समाप्त। यदि आदरपूर्ण मानसिक भावना के आशीर्वाद और सहारे के बिना हम इस शारीरिक आकर्षण को बनाये रखने के प्रयास जारी रखेंगे तो वह गहरी विरक्ति में बदल जायेगा। शारीरिक विलास का कौतूहल, आनन्द और सुख मन का है चाहे उसका मार्ग शरीर की खोज में ही हो। इस स्पर्श, इस आनन्द का स्त्रोत, भावना के उन संकेतों में, उन अभिव्यक्तियों में, आँखों की उन गहराईयों में है जिनके द्वारा हम शारीरिक सम्पर्क की सम्पूर्णता अनुभव करते हैं।"

समरेश न जाने कितना बोलता रह जाता यदि मैं अपने ओंठों से उसका मुँह न बन्द करती। भाषा शरीर और धमनियों में बहते रक्त प्रवाह को प्रभावित करती है। पर शरीर से भी तो भाषा बनती है। उसके मुखरित होने का भी तो अपना ही मार्ग है। शब्दहीन शान्ति में जो भावना-शक्ति है वह किसी और ही स्तर की है। शाम की स्वर्णिम धूप में उसके सम्पूर्ण व्यक्तित्व को मैं बिना कुछ सोचे, बिना विश्लेषण किये, सिर्फ उसकी बाहों के घेरे में, उसके शरीर के सामीप्य की उष्णता में महसूस करना चाहती थी। पतंग के समान लहराती मेरी स्नेह-स्निग्ध देह धरती से बहुत ऊपर बादलों की दुनियाँ में बिचर रही थी। उस प्रेम विलास और आदर भावना से पूर्ण विश्वासी, अपनी नग्नता की लज्जा और संकोच से विमुक्त, मैं अपने शारीरिक सौन्दर्य के उन्मुक्त प्रदर्शन और उपभोग के आनन्द में ओतप्रोत थी। भावना, बुद्धि और भौतिकता की सीमा से ऊपर एक विराट शान्ति और सम्पूर्णता ने मानों हम दोनों को अपने आँचल में बाँध लिया हो।

समरेश कितना शान्त है। बिना किसी संकोच की भावना के। जैसे कि हम सालों से एक साथ रहते आये हों। सदियों से एक दूसरे के शरीर के रोये-रोयें से परिचित हों। और फिर भी उसकी दृष्टि में, उसके स्पर्श में, सदा एक ताज़गी बनी रहती है जो कभी कभी मुझे लजा देती है और मैं चादरों से अपने को ढक लेती हूँ। वह चादरें हटाता है और मेरे शरीर के हर भाग को छूती उसकी निगाहों की तेज़ी मुझे अपनी नग्नता के गहरे आभास और रोमांच से भर देती है। सब कुछ और को भूल कर सिर्फ मेरे शरीर को देखने के आनन्द में खोये उसके चेहरे को मैं अपनी बन्द आंखों से भी देख सकती हूँ। समरेश के चेहरे की उस निर्विकार शान्ति में अपनी अनिवार्यता और योगदान को मैं सरल रूप से महसूस करती हूँ। उसने मुझे बहुत कुछ दिया है पर मैं अब जानती हूँ कि मुझसे भी उसे बहुत कुछ मिला है। एक सम्पूरक भावना हम में भर गयी है जिसे आपसी सहयोग के बिना हम दोनों में से कोई भी अकेले नहीं पा सकेगा।

"अपने घर के ऊपर गोम्पा की दीवारों पर वज्रपाणि के साथ सम्भोग मुद्रा में जुड़ी शक्ति के भित्तिचित्र नहीं देखे तुमने?" समरेश ने कहा था।

वह आखिरी रात कितनी भिन्न थी पिछली तीन रातों से। पहली बार रात का खाना कमरे में न मँगाकर उस रात हम डाइनिंग हॉल में थे। हॉल के दूसरे सिरे की टेबल पर एक आकृति को देखकर समरेश ने ठिठक कर कहा, "अलगोरा-लाभा क्षेत्र में बौर्डर रोड कम्पनी कमांडर रामन। पहचाने और मिले बिना ठीक नहीं होगा। उसने मुझे देख लिया होगा। तुम्हारे साथ होने से किसकी निगाहें इधर न आयेंगी।"

समरेश के उठकर रामन की टेबल पर चले जाने के बाद वहाँ बैठे-बैठे मुझे पहली बार ख़्याल आया कि अपनी निजी दुनिया में खोकर हम बाहर के समाज की असलियत भूल गये थे। हम क्या करेंगे? मैं कैसी विलक्षण स्थिति में थी। इस तरह की चोरी और लुकाछिपी बहुत दिन नहीं चल पायेगी। न मैं ही इसे सहन कर पाऊँगी। पिछले तीन दिनों की स्वप्निल दुनिया जैसे यथार्थ से टकरा गयी हो।

"रामन ने तुम्हें नहीं देखा। या पहचाना नहीं।" समरेश ने कहा।

"अगर एलिज़ाबेथ से पूछ लिया तो?" मैंने कहा।

"पहचानना चाहता भी नहीं है। हम दोनों एक ही स्थिति में हैं। कानून तोड़कर चोरी से कलिम्पोंग आने की। चोरी का राज़ गुप्त रखने की साझेदारी है। उसका लीच और धुंध से भरा तम्बू अगर तुम देखो तो मानोगी कि एक दिन सभ्य तरीके से गुज़ार सकना अपना सन्तुलन ठीक बनाये रखने के लिए कितना ज़रूरी है।"

"जैसे कि तुम अपना सन्तुलन ठीक कर रहे हो। पर वह तो अकेला है।" मैंने कहा। और फिर अपने शब्दों के असन्तुलन से मैं घबरा गयी। हम चुपचाप खाना खाते रहे। दो बार समरेश ने मेरे हाथों को सांत्वनारूप में अपने हाथों में लिया। डाईनिंग रूम से बाहर आने पर बरामदे में उसने मुझे अपनी बाहों में भरकर कहा, "तुम आज अशान्त क्यों हो? कितने साहस से तुम यहाँ आयीं। मुझे लायीं। कितने साहस से तुमने इस नये जीवन की नींव रखी। तुम्हीं ने तो कहा था कि जीवन में अपने आप कुछ नहीं मिलता। मिलता केवल वही है जो हम अपने प्रयत्न से पाते हैं। अब इतनी मंजिल आने पर यह संशय क्यों?"

उस रात समरेश की बाहों के घेरे की सुरक्षा अनुभव करते समय मैं अपने को बहुत कमज़ोर महसूस करती रही। कोई कारण न ढूँढ सकी। कितना सुख कितने अप्रत्याशित रूप में मुझे मिला। मन सधने पर व्यावहारिक दिशा तो निकल आती है। कितना भी कठिन हो पर रास्ता तो ढूँढा जा सकता है यदि मन की दिशा स्थिर हो। तो फिर मन क्यों अशान्त था? पता नहीं कब मैं सो गयी। उस रात मैंने एक अजीब सपना देखा। ऊँचे पहाड़ों से घिरी विस्तृत घाटी में बहती नदी के किनारे पेड़ों से घिरा एक घर है। पेड़ों की झूलती शाखाएँ नदी के पानी को छू रही हैं। मैं

नदी के किनारे पेड़ों की छांह में एक बड़े पत्थर पर बैठी हूँ। दूर पहाड़ी के ऊपर एक विशाल सफेद मन्दिर है, जिसकी घंटियों की आवाज़ घाटी में गूँज रही है। मन्दिर के श्वेत शिखर से नीचे चारों दिशाओं का सर्वेक्षण करती मन्दिर की दैविक आँखें जैसे मुझ पर अपनी दृष्टि केन्द्रित कर रही हों। उनके तेज से बचने के लिए मैं घर के अन्दर चली जाती हूँ पर खिड़कियों में से अन्दर आतीं उस दैविक तेज की रश्मियाँ मेरी आँखों को अपनी चौंध से भरकर मुझे बरबस बाहर खींच ले जाती हैं। मैं नदी की ओर बढ़ती जाती हूँ और फिर सहसा रुक जाती हूँ। एक नाव आ रही है। उसमें बैठी गुड़िया समान छोटी लड़की मैं ही तो हूँ। बिल्कुल उस फोटो समान जो मेरे बचपन के एलबम में लगी है। चप्पू चलाते पुरुष की पीठ मेरी ओर है। मैं उसका चेहरा नहीं देख पाती। और फिर किनारे से टकरा कर नाव उलट जाती है। नन्ही बच्ची को नदी से बाहर निकालने के लिए मैं पानी में कूद जाती हूँ और उसे बाँहों में जकड़ लेती हूँ।

"क्या हुआ?" समरेश ने मेरा चेहरा अपने हाथों में लेकर पूछा। मेरी बाहों की अप्रत्याशित जकड़ ने सहसा उसको नींद से उठा दिया था। सुबह की पहली धूप खिड़की के परदों के बीच की दरार से झाँक रही थी। मैंने परदों को खींचकर धूप से कमरे को भर दिया और अपने अजीब सपने को दुहराया।

"तुम्हारी ही तो बच्ची थी," समरेश ने कहा, "मैं नहीं जानता था कि तुम्हें शिशु की इतनी चाह है।"

"शिशु की नहीं। सिर्फ तुम्हारे शिशु की।" मैं कहना चाहती थी पर नहीं कह सकी। विनय भी तो एक नन्हा प्राणी चाहता था। चाहे सिर्फ विवाह की गिरती दीवार की नींव पुख़्ता करने मात्र को। और पतवार चलाने वाला वह अनदेखा नाविक कौन था? जिसका चेहरा मुझसे अदृश्य रहा था।

"स्वयंभूनाथ मन्दिर कें शिखर के चारों ओर आँखें बनी हैं जो काठमाण्डू घाटी के चारों कोनों पर निगाह रखती हैं। गयी हो कभी काठमाण्डू?" समरेश ने कहा।

मैं काठमाण्डू कभी नहीं गयी थी। मैं कहीं नहीं जाना चाहती थी। मैं सिर्फ चाहती थी कि कलिम्पोंग के उस कमरे में उसी तरह रहती जाऊँ। और अब यहाँ हूँ गंगटोक के इस घर में जिसे इतने चाव से सजाया था और जो अब कितना बेग़ाना लगता है। और विनय! मैंने स्थायित्व ढूँढा था। विवाह में। इस घर में। क्या जीवन में सब कुछ क्षण-भंगुर ही है? भूत और वर्तमान? क्या भविष्य भी?

14

चार दिन के बाद कैम्प में डाक आयी थी। उसके साथ अखबार और दिप्ति के दो पत्र। तीन हफ्ते गुज़र गये थे। चार दिन पहले समरेश ने मनबहादुर के हाथ ख़त भेजा था। सिर्फ मेम साहब के हाथ में देने के लिए।

"पहला दिन गया तो साहब घर पर था। आपका सलाम देकर हम चला आया। दूसरा दिन मेम साहब के हाथ चिट्ठी दिया।" एक दिन देर से वापस आने की सफाई देते हुए उसने कहा, "मेम साहब साहब पूछा आप गंगटोक कब जायेगा।"

दिप्ति के पहले पत्र में आग्रह था गंगटोक आने का। पत्र को पढ़कर समरेश खिड़की से बाहर घिरती शाम के बादलों भरे आसमान को देखता रहा। गंगटोक जाना उसे सम्भव नहीं लगा। पहले दिनों जैसे उन्मुक्त रूप में विनय के घर जाना अब अशोभनीय होगा। गंगटोक की छोटी सी दुनिया में कहीं और मिलना सम्भव नहीं था। उसमें आनन्द की अपेक्षा वेदना और दिप्ति के लिए संकट ही होगा। समरेश स्वतंत्र था। कुछ भी करने को तैयार। जैसा भी दिप्ति चाहे। स्पष्टता से यह लिखकर मनबहादुर के हाथ पत्र भेजा था जिससे कि बिना संशय दिप्ति को पत्र मिल जाये। लेकिन दिप्ति का पत्र उससे पहले की तारीख़ का था। उसकी पंक्तियों मे एक अस्थिर भावना थी जिसे वह समझ नहीं पा सका। विनय से वह क्या कहेगी? कैसे कहेगी? क्या करेगी? ये सवाल समरेश ने कलिम्पोंग की उस आखिरी रात को उठाने की कोशिश की थी। पर दिप्ति ने कहा था कि वह सोचने का समय चाहती है। उसके मन में अपराध-भाव है कि अपनी अस्थिर मनः स्थिति में विवाह स्वीकार कर उसने विनय के जीवन के साथ खिलवाड़ किया था।

"पूरी ज़िम्मेदारी तुम अपने ही उपर लेती हो?" समरेश ने पूछा था, "तुम्हारी अपने जीवन के प्रति जो ज़िम्मदारी है उसे कौन निबाहेगा? एक घिसी-पिटी नैतिकता के झूठे आदर्श के किनारे क्या तुम अपना पूरा जीवन बलिदान कर दोगी? अब जिस दिशा में मुड़ आयी हो उस पर चलने का मार्ग ढूँढना ही होगा।"

"तुम्हें विश्वास नहीं कि मैं यह सब समझती हूँ", उसने कहा था। "विनय से विवाह स्वीकार करते समय मैंने अन्र्तमन को दबाने की भूल की थी। अब अन्र्तमन से ही मार्ग पूछूँगी।"

इसका तो कुछ भी उत्तर सम्भव नहीं था। विनय से सम्बन्ध तोड़ना सरल नहीं होगा। इसमें समरेश को सन्देह नहीं था। पर दिप्ति से इस विषय में और बात करना मुश्किल था। आसानी से विनय उस को तलाक नहीं देगा। पर दिप्ति क्या कर बैठेगी, इसे जानना भी कठिन था। दिमाग़ में बात बैठ जाने पर वह किसी भी बाधा को सामने ने ठहरने देगी। यह सब सोचने पर और उसके पत्र में झलकती अस्थिर भावना को देखते हुए समरेश को लगा कि शायद गंगटोक जाकर उससे मिलना ही उचित रहे। वह जगन्नाथन के घर दिप्ति को मिल सकता था। जगन्नाथन किसी हद तक उन दोनों की परिस्थिति को समझते थे। पर फिर उसे लगा कि दिप्ति की सहमति के बिना उसे किसी भी अन्य दबाव में बाँधना उचित नहीं होगा। कैसा कठपुतलियों का सा खेल था जीवन? कभी रस्सी खींचकर हम दूसरों को नचाते हैं और कभी अपनी रस्सी खींची जाने पर खुद नाचते हैं।

दिप्ति का दूसरा पत्र वह खोलने ही वाला था जब मनबहादुर दौड़ता हुआ आया। "एक्सीडेंट हुआ साहब! दो गाड़ी नीचे गिर गया।" मनबहादुर हाँफता हुआ बोला। कैम्प से डेढ़ किलोमीटर आगे खूनी नाले में आसाम राईफल्ज़ की तीन जीपें ऊपर से गिरते पत्थरों की चपेट में आ गयीं थीं। पाँच जीपों का कानवॉय था। दो आगे निकल गयीं और दो पत्थर लगकर नीचे नाले में गिर गयीं। "एक जीप में पत्थर लगा है साब। अभी तक ऊपर से पत्थर आता है। बन्ता सिंह ख़ूब शराब पिये आधा रास्ता में खड़ा है। चाकू लेकर हमरा पीछे भागा पर नशे में सड़क पर गिर गया।"

हल्की बूँदाबाँदी थी। आधे घंटे की रोशनी अभी आसमान में बाकी थी। मनबहादुर को अपनी जीप में बैठाकर समरेश ने गाड़ी स्टार्ट की और ड्राईवर सरवन सिंह को रामदत्त राम के पास भेजा कि चार-पाँच जवानों को लेकर ट्रक में एकदम खूनी नाले पर पहुँचे। कैम्प से आगे जाती सड़क के किनारे एक बरसाती नाले के आसपास एक फर्लांग का इलाका खूनी नाला कहलाता था क्योंकि हर साल वहाँ कोई न कोई बड़ा एक्सीडेंट होता था। पहाड़ कच्चा था। पेड़ और झाड़ियाँ न होने की वजह से बरसात का पानी पत्थरों के आसपास की मिट्टी बहा ले जाता था और फिर पत्थर सहसा सड़क पर लुढ़क आते। पिछले वर्षों में जल्दी से जल्दी सड़क साफ करने के प्रयत्नों में बुलेडोज़रों ने पहाड़ को गहराई तक काट कर ढलानों को और भी तेज़ कर दिया था। हाल ही में तय किया गया था कि सड़क को चौड़ी करने के लिए पहाड़ को और काटने के बदले नीचे से दीवार खड़ी की जाये और ऊपर के पत्थरों को रोकने के लिए लोहे के जाल बाँधें जायें। पथरीली ज़मीन में तेज़ी से जड़ पकड़ती झाड़ियाँ लगाने की बात भी थी।

खूनी नाले तक पहुँचने से कुछ पहले धूल भरे चेहरे और लड़खड़ाते कदमों से चलता बन्ता सिंह सड़क के किनारे था। खुले फलक का चाकू अभी तक उसके

बायें हाथ में था जैसे कि चाकू का अपने हाथ में होना वह भूल चुका हो। समरेश ने उसे पहचाना। कुछ ही सप्ताह पहले कैम्प के पास चाय के नाम पर शराब बेचने वाले लेपचा दुकानदार ने उस पर अपनी बीवी पर बलात्कार करने का आरोप लगाया था।

"किधर जाता है जवान!" गाड़ी एकदम से रोककर समरेश ने तेज़ आवाज़ में पूछा। लड़खड़ाते कदमों से चलता बन्ता सिंह सहसा एकदम खड़ा हो गया।

"जै हिन्द साब!" नंगे सिर बन्ता सिंह ने अपनी दोनों एड़ियाँ झटके से मिलाकर दाहिने हाथ से सैल्यूट किया।

"जवान! सिर पर टोपी पहने बिना सैल्यूट करना फौजी तरीके के खिलाफ है।" समरेश ने सीधे उसकी ओर देखकर सख़्ती से कहा- "मनबहादुर। इसके हाथ से चाकू ले लो।"

बन्ता सिंह ने बिना किसी हिचकिचाहट के चाकू मनबहादुर को दे दिया। "जवान! फौरन गाड़ी के अन्दर बैठो।" समरेश ने फिर कहा। बन्ता सिंह को लेकर जब वे खूनी नाले पहुँचे तो आसाम राईफल्ज़ की आगे चली गयीं दोनों जीपें नाले के दूसरी ओर वापिस लौट चुकी थीं। थोड़ी-थोड़ी देर बाद ऊपर से फिसल आते इक्का-दुक्का पत्थर अभी तक नाले में लुढ़क रहे थे। सड़क पर खड़ी जीप के घायल ड्राईवर और दो जवानों को सड़क के पार ले जाया जा रहा था। बाकी दोनों जीपें कई बार उलट-पलट कर सड़क से पचास साठ फुट नीचे खूनी नाले के पत्थरों में रुक गयीं थीं। उनमें से एक जीप में से आधे बाहर निकले शरीर को देखकर लगता था कि उन दोनों जीपों में बैठे लोगों में से कोई भी जीवित नहीं बचा होगा। लेकिन देखना ज़रूरी था। जीवन और मृत्यु के बीच की रेखा कितनी भी क्षीण प्रतीत हो, बिना सही तरह जाने और प्रयास किये उसे वैसे ही तो नहीं छोडा जा सकता था।

"मनबहादुर! तुम उपर से आते पत्थरों को देखो और चिल्लाकर हमें होशियार करना।" समरेश ने कहा। "बन्ता सिंह तुम मेरे साथ चलो।"

बारिश की फिसलन में ऊपर से आते पत्थरों से बचते वे दोनों नीचे वाली पहली जीप पर पहुँचे ही थे कि दो बड़े पत्थरों के बीच अस्थिर रूप से रुकी जीप ऊपर से लुढ़क आये एक पत्थर की चोट से हिलकर उलटती पुलटती तीस फुट और नीचे गिर गयी। दूसरी जीप के अन्दर सिर्फ एक जवान में साँस बाकी थी। उसे जीप से बाहर निकालकर बन्ता सिंह ने अपने कन्धे पर डाला और फिर रामदत्त राम द्वारा ऊपर से फेंकी रस्सी के सहारे ऊपर चढ़ता गया।

"मेन्शीथांग का टेलीफोन लाईन ठीक था साब!" रामदत्त राम ने कहा- "डॉक्टर साब को खबर हो गया है इधर आने को।"

अंधेरा घिर आया था। पेट्रोमैक्स और जीपों की हैडलाइटों की रोशनी में बाकी

सब शव ऊपर लाये गये और फिर लोहे की रस्सियों से बाँधकर नीचे गिरी जीपों को बुलडोज़रों से ऊपर खींचा गया। पाँच आदमी मर गये थे। तीन घायलों में से एक कम्पनी हवलदार मेजर था। उसकी रीढ़ की हड्डी टूट गयी थी।

"कमर से नीचे सब अंगों में जीवन भर फालिज रहने की सम्भावना है।" डाक्टर ने कहा।

"हवलदार मेजर बहुत होनहार आदमी था। अगले महीने ओ.टी.सी. (ऑफिसर ट्रेनिंग कालेज) में जाने वाला था। दो साल में ऑफिसर बन जाता। वह तीसरी जीप में ठीक उसी जगह पर बैठा था जहाँ कि मैं दूसरी जीप में बैठा था।" आसाम राईफल्ज़ के कप्तान ने कहा, "अगर वह पत्थर आधा मिनट पहले गिरता तो मैं उसी दशा में होता।" कुछ देर रुक कर वह कहता गया, "हम समझते हैं कि अपने प्रयत्नों से हम अपने जीवन की दिशा निर्धारित कर सकते हैं। पर कोई अनज़ान शक्ति है जो क्षण भर में ही जीवन भर के प्रयत्नों को शून्य पर ला देती है।"

"पूरा जीवन एक संयोग मात्र ही लगता है।" डाक्टर ने कहा, "शुरू से अन्त तक। जीवन की आरम्भिक और सबसे महत्वपूर्ण परिस्थिति यानी कि किस परिवार में जन्म हो पर हमारा कोई अख़्तियार नहीं है। यदि अमेरिका के कैनेडी परिवार में जन्में तो पैदाइश के दिन से ही प्रेसीडेंट बनने की सम्भावना है। और अगर अफ्रीका के जंगलों में पैदा हुए तो जीवन भर की तपस्या के बाद भी शायद ही उन जंगलों से बाहर निकल सकें।"

समरेश को ख़्याल आया कि कलिम्पोंग में इससे बिल्कुल विपरीत बात उसने दिप्ति से कही थी कि जो कुछ भी जीवन में होता है वह केवल अपने अध्यवसाय से होता है। तो फिर सच क्या है? डाक्टर की बात की सच्चाई को नकारा नहीं जा सकता। न हवलदार मेजर के क्षण भर में विनिष्ट हुए जीवन की असलियत को। पर इसका अर्थ तो नहीं कि व्यक्तिगत कर्मशीलता को भुला दिया जाये। यह संयोग ही था कि दिप्ति से उसकी भेंट हुई। पर उस संयोग के बाद उनके सम्बन्ध जिस भी स्तर पर पहुँचे वह तो उनके अपने कौशल पर निर्भर था। पिछले वर्ष की एक बहस समरेश को याद आयी। उसने कहा था "पिछले साल एक अमेरिकन आदमी ने मुझसे कहा था कि भारत तरक्की कैसे कर सकता है। यहाँ के लोगों में ज्योतिष और पूजा-पाठ के बिना अपने खुद के बूते पर कोई काम कर सकने का आत्मविश्वास ही नहीं है। जब कोई आदमी अपनी पत्नी का चुनाव भी परिवार के बड़े बूढ़ों की पसन्द और अनुमति के बिना न कर पाये तो वह कुछ और क्या कर सकेगा।"

"आपका ख़याल है कि आपसी चुनाव से किये विवाह का पूरा श्रेय अपना निज का होता है। उसमें भाग्य जैसी किसी शक्ति का कोई हाथ नहीं?" समरेश ने उससे कहा था।

"जब चुनाव खुद किया तो भाग्य का क्या प्रश्न?"

"क्या यह नितान्त संयोग की बात नहीं है कि भाग्यवश आप एक समय ऐसे स्थान पर ऐसी मनोदशा में थे जहाँ वैसी ही परिस्थिति और वैसी ही मनोदशा में पहुँची स्त्री से भाग्यवश आपकी भेंट हुई और नतीजा हुआ आपका विवाह। इसका पूरा श्रेय अपने आपको, अपनी निर्णयात्मक शक्ति मात्र को, देना क्या सही माना जा सकता है?"

"जो कुछ भी हो, निर्णय तो अपना होता है। उसकी सफलता या विफलता की ज़िम्मेदारी किसी और पर थोपने की कोशिश तो हम नहीं करते।" उसने कहा।

"ज़िम्मदारी किसी और पर थोपने या स्वयं स्वीकार करने से मूल स्थिति में तो कोई परिवर्तन नहीं आता। असली सवाल है विवाह सम्बन्ध का सुख और स्थायित्व। पश्चिमी जीवन का रूखा व्यक्तिवाद आपसी सम्बन्धों में उदारता के बदले असहिष्णुता को प्रोत्साहन देता है। हमारे यहाँ के पारिवारिक जीवन की सामूहिकता-भावना व्यक्तिगत ज़िम्मेदारी का पैनापन हल्का करने के लिए भाग्य और अन्य दैविक शक्तियों को भी साथ जोड़ लेती है।"

समरेश सहसा दिप्ति की स्थिति के बारे में सोचने लगा। उसे ख़्याल आया कि उसका दूसरा पत्र दफ्तर में पड़ा था। मनबहादुर को पत्र लाने भेजकर वह सोचने में मग्न हो गया। डाक्टर कह रहा था, "भाग्य और संयोग की शक्ति मानसिक प्रयत्नों से बहुत ऊपर और विशाल है। पर जो कुछ हम कर सकते हैं यदि उसे न करें तो असंतोष की भावना से घिर जायेंगे। बिना कुछ किये केवल भाग्य के इन्तज़ार में रहना सम्भव नहीं है। अगर आखिरी सवाल अपने मन की शान्ति का है तो अपने सामर्थ्य के अनुसार अधिक से अधिक प्रयत्न का मार्ग ही उस शान्ति पर पहुँचायेगा चाहे संयोग या भाग्य अपनी अपार शक्ति से अन्त में हमें किसी भी ओर खींच ले जायें।"

दिप्ति का दूसरा पत्र सक्षिप्त था। समरेश का पत्र उसे मिल गया था। न्यूयार्क स्थित उसकी कोई मित्र 'नैशनल ज्योग्राफिक' मैगज़ीन के लिए सिक्किम पर एक लेख रही है। फोटोग्राफ चाहती है। मेन्शीथांग घाटी में एक खास किस्म की पहाड़ी बकरी पायी जाती है जिसको जीव-वैज्ञानिक बहुत विशेषं मानते हैं। सिंघिक से कंचनजंगा के सूर्योदय के फोटो भी बहुत अच्छे रहेंगे। विनय अगले सप्ताह चार दिन के लिए दिल्ली जा रहा है और दिप्ति मंगलवार दोपहर तक समरेश के कैम्प पहुँच जायेगी। दो दिन मेन्शीथांग रुक कर लौटती बार सिंघिक में फोटो खींचे जा सकते हैं। मेन्शीथांग में वह डाक्टर से निश्चित रूप से मिलना चाहती है। मनबहादुर को जल्दी भेजकर प्रोग्राम पक्का करने का अनुरोध था। सुबह का डाक ट्रक पकड़ने की जल्दी में लिखा औपचारिक सा पत्र। सिर्फ दो लाइनें थीं अन्त में जिनसे आल्हाद की एक लहर समरेश के मन में फैलती गयी, "तुम्हारे पास

आने का कितना अच्छा बहाना है। लेकिन अब मैं कोई बहाना नहीं चाहती।"

सुबह पौ फटने से पहले डाक्टर तीनों घायलों के साथ एम्बुलेंस में चुंगथांग के लिए रवाना हो गया। मृतकों के शव पहले ही आसाम राईफल्ज़ के कैम्प भिजवा दिये गए थे। "बौर्डर रोड के हताहतों के नाम सड़क के किनारे एक पत्थर पर खोद दिए जाते हैं। इन लोगों का नाम तो पत्थरों पर भी नहीं होगा।" डाक्टर ने कहा था। वह घायलों के साथ गाड़ी में खुद जाना चाहता था जिससे कि रास्ते में उनकी देखभाल में कुछ कमी न रहे। सुबह आठ बजे घायलों को सिलीगुड़ी के बेस हास्पिटल ले जाने के लिए हैलीकॉप्टर चुंगथांग आयेगा।

नौ बजे सुबह यूनिट का दफ्तर लगने पर सड़क के किनारे खड़ी आसाम राईफल्ज़ की दो टूटी फूटी जीपों के अलावा पिछली शाम के एक्सीडेन्ट का कोई चिन्ह बाकी नहीं था। दस बजे रामदत्त राम ने बन्ता सिंह को यूनिट लाईन्स में शराब पीकर घूमने और मनबहादुर पर हमला करने के जुर्म में ओ.सी.के दफ्तर में 'मार्च इन' किया। दो महीने के भीतर दूसरा अपराध। युद्धकालीन फौजी कानून के अन्र्तगत सज़ा मिली इक्कीस दिन आर.आई (रिगरस इम्प्रिज़नमैन्ट-मेहनत के साथ कारावास)। सज़ा काटने के लिए निकटतम जेल पचास किलोमीटर पीछे एक फौजी यूनिट में थी। अगले दिन दोपहर तक कैदी अपनी एसकौर्ट पार्टी के साथ वापिस हाज़िर था। पूरी भरी जेल में उनके कैदी के लिए कोई जगह नहीं थी। और तब चौबीस घंटे के अन्दर रामदत्त राम ने कम्पनी के तीनों बढ़ईयों को दिन-रात काम पर लगाकर कैम्प से दो सौ फुट ऊपर समतल ज़मीन में जेल का एक कमरा और गार्ड रूम तैयार करवाया।

"उन्नीस दिन अभी बाकी हैं इसकी सज़ा के।" रामदत्त राम ने कहा। "जेल की सज़ा जेल में ही काटेगा।"

15

पहाड़ की चोटी के समीप देवदार के जंगल से घिरा मैदान कैम्प से बहुत ऊपर था। बर्फ काफी दिन पहले पिघल चुकी थी और मैदान छोटे-छोटे सफेद और पीले असंख्य फूलों से भरा था। "ऊपर का बर्फ भी अब जल्दी हट जायेगा," मनबहादुर कह रहा था। "नेपाल का रास्ता यहाँ से नीचे को है। अगला पहाड़ पर रास्ता फिर ऊँचा चढ़ेगा। उसके बाद झील तक ढलान है। बहुत बड़ा झील है मेमसाहब। घोड़े पर चढ़ेगा तो दो दिन में पहुँच सकता है। वहाँ से चार घंटा का रास्ता है लुकला। काठमाण्डू जाने का हवाई जहाज़ उधर मिलेगा।"

घोड़ों को तेज़ दौड़कर वे दोनों घंटे भर में ऊपर चढ़ आये थे। घोड़ों के पीछे भागते मनबहादुर का दम फूल गया था। आखिरी चढ़ाई से ऊपर फूलों भरे मैदान में आते ही दिप्ति एकदम उच्छ्वसित हो अपनी घोड़ी से उतर गयी और कुछ देर तक चुपचाप उस मैदान के अनुपम सौन्दर्य में खोयी रही। कैम्प के सामने वाले पहाड़ का गोम्पा अब उनसे बहुत नीचे था। दूसरी ओर तिब्बत सीमा स्थित 'ब्लैक रौक' की काली चट्टानें थीं और उनके बायीं ओर युमथांग के आसपास की बर्फीली चोटियाँ। नीले आसमान में उठते एक बड़े बादल ने आधे मैदान को अपनी छांह से भर दिया था।

"कहाँ सीखी तुमने ऐसी घुड़सवारी? दौड़ा-दौड़ा कर घोड़ी की जान निकल दी।" समरेश ने दिप्ति से कहा।

"एक तिब्बती कहावत है कि अच्छा घुड़सवार चढ़ाई पर घोड़े को दौड़ाता है और उतराई पर घोड़े से उतरकर पैदल चलता है।" दिप्ति ने कहा। उसके बालों पर बँधा मैदान के फूलों जैसा पीला स्कार्फ हवा में फरफरा रहा था।

दिप्ति की फुरतीली घोड़ी के मुकाबले समरेश का घोड़ा सुस्त था। सरपट दौड़ती दिप्ति की घोड़ी का साथ रखने के लिए लगातार एड़ लगाने पर भी वह दुलकी से ज़्यादा तेज़ नहीं हुआ और कभी कभी नाराज़ होकर वह उछलती दुलकी में आ जाता जिससे कि सवार के अन्जर पन्जर ढीले पड़ जायें। "बहुत बदमाश घोड़ा है।" समरेश ने कहा।

"लामा का खास घोड़ी है मेम साब! सामने वाले गोम्पा जाने को। साब का

घोड़ा तो हम किसी से मांग कर लाया है।" मनबहादुर बोला। कई हफ्ते पहले लामा ने यूनिट कैन्टीन से रम का एक क्रेट माँगा था। "लामा बोला कि इस रम से पेट ठीक रहता है।" मनबहादुर ने आकर कहा था। यूनिट कैन्टीन की रम बाज़ार से एक चौथाई कीमत की थी। उससे पेट ठीक रहना लाज़िमी ही था। धीरे-धीरे लामा से समरेश की जान-पहचान बढ़ती गयी और फिर हर इतवार को पहाड़ पर सैर करने के लिए वह अपनी घोड़ी समरेश के पास भेजने लगा। ऊपरी पहाड़ी रास्ते से नेपाल जाने के बारे में दिप्ति की उत्सुकता को याद कर मनबहादुर ने दो घोड़ों का प्रबन्ध किया था। "रामदत्त राम साब हमको बोला ऊपर मैदान से नेपाल का रास्ता मेम साब को दिखाने।"

पिछली बार रामदत्त राम द्वारा भेजे ऊनी कम्बल की सहज स्वीकृति में दिप्ति उसके लिए पश्मीने की एक शाल लायी थी। इतनी बढ़िया कि रामदत्त को कीमत का अन्दाज़ भी नहीं हो सकता था। "रामदत्त साब बोला, मेम साब नेपाल जाना माँगता है।" मनबहादुर ने कहा। "लामा की घोड़ी पर बैठ कर देखेगा। फिर जाने का टाईम का पक्का बन्दोबस्त होगा। एक खच्चर पर तम्बू और खाने का सामान। लुकला से हवाई जहाज़ में मेम साब को काठमांडू भेज कर हम लोग कैम्प लौटेगा।"

"और साहब के लिये यह अड़ियल घोड़ा। इसकी पूँछ काटो तो भी नहीं दौड़ेगा।" दिप्ति ने हंस कर कहा। वह मैदान में जंगली स्ट्राबेरी बीन रही थी, "रात को यहाँ भालू ज़रूर आते होंगे।"

"पिछले साल कई बार हमारे कैम्प के पास देखे गये थे।" समरेश ने कहा, "इस साल सड़क पर लगातार गाड़ियाँ चलनी शुरू हो गयी हैं तो शायद न आयें। सड़क बनना प्रगति का प्रतीक है जिसकी कीमत पशु-पक्षी और वन-वृक्ष चुकाते हैं। हमारे सौन्दर्य सम्वेदना स्तरों पर भी इसका गहरा प्रभाव पड़ता है। आज यहाँ पेड़, फूल और भालू हैं। मनुष्य जीवन का नाम निशान भी नहीं है। इसीलिए इस स्वच्छ नैसर्गिक सौन्दर्य में मनुष्य की श्रेष्ठतम भावनाएँ उभर आती हैं। जैसे कि इस मैदान में आते ही तुम सहसा उच्छ्वसित हो गयीं थीं। अगर प्रगति स्वरूपी एक पक्की सड़क इस मैदान तक बन जाये तो सब कानूनों के बावजूद देवदार के सुन्दर वृक्षों का सिलीगुड़ी बाज़ार में पहुँचना केवल कुछ ही समय की बात रह जायेगी। और तब इस वृक्षहीन मैदान में आने पर हमारी भावनाएँ किसी और स्तर की होंगी। "

मनबहादुर दोनों घोड़ों की लगाम पकड़कर मैदान के किनारे खड़ा था। समरेश ने उससे कहा कि घोड़े नीचे ले जाये और मेन्शीथांग खबर भेज दे कि वे दोनों शाम तक पहुँच जायेंगे। और फिर उतराई पर उसके अदृश्य होने के काफी देर बाद तक वे पथरीली पगडंडी पर टापों की आवाज़ और थोड़ी-थोड़ी देर बाद घोड़ों की

हिनहिनाहट सुनते रहे। फिर वे हल्की पड़ती आवाज़ें बन्द हो गयीं। धूप निकल आयी थी। दिप्ति स्ट्राबेरी चुनने में मग्न थी। पहाड़ की चोटी के आँचल में फैले उस फूलों भरे मैदान की अपार शान्ति में उसको देखते हुए समरेश चुपचाप खड़ा रहा। कई बार पहले भी वह उस मैदान में आया था। तब फूल नहीं थे। दिप्ति भी नहीं थी। उसकी उपस्थिति ने वातावरण को एक सरस माधुर्य से भर दिया था जिसे समरेश ने पहले कभी न जाना था। जगन्नाथन ने एक बार कहा था कि मानवी सम्पर्क के बिना प्राकृतिक सौन्दर्य फीका है। तब यह बात उसने नहीं मानी थी। पर अब समझ पाया था कि दोनों प्रकार के सम्पर्को में बहुत अन्तर होने पर भी किसी अनजान रूप में वे पूरक अनुभव हैं। अकेले उस मैदान में आने पर उसने एक तटस्थ सौन्दर्य और गम्भीर शान्ति की भावना अपने मन में पायी थी जिसका पूर्व अनुभव आज दिप्ति की उपस्थिति के प्रिय मानवी सम्पर्क को, उसके साथ उस अनुभव की साझेदारी को, एक गहरी आभा दे रहा था। उस मैदान का वातावरण अदृश्य रूप से उनके आपसी सम्बन्धों पर अपनी सुरभि की एक अनूठी छाप लगा रहा था।

"कहाँ खो गये?" दिप्ति दोनों हाथों में जंगली स्ट्रोबेरी भर कर लायी थी। सहसा उसे अपनी बाहों में बाँधकर समरेश द्वारा उसके ओंठ चूमने के प्रयास में स्ट्राबेरी के सब दाने ज़मीन पर बिखर गये।

"मेरी सारी मेहनत बेकार गयी।" अपने को छुड़ाने का कोई प्रयत्न न करते हुए दिप्ति ने कहा।

"मेरी मेहनत तो सफल रही", उसकी कमीज़ के अन्दर हाथ डालकर उसकी त्वचा की उष्णता को अपने हाथों की गिरफ्त में महसूस करते हुए समरेश ने कहा।

"इसीलिए मुझे इस एकान्त में लाये ये रास्ता दिखाने।"

"हाँ। सबसे सुन्दर रास्ता तो यही है। इस शरीर की चोटियों और घाटियों में।"

और फिर एक अपूर्व उन्माद में खोये उनके शरीर इतने पास आते गये कि गहरी साँसों की बढ़ती उष्णता के मध्य समरेश दिप्ति की आँखों में चमकती अपनी परछांई देखता गया। लाल और पीले फूलों पर बिखरते उनके शरीर नीले आकाश की तेज़ धूप में उजलाते गये। उस उन्मुक्त स्पर्श की उष्णता जैसे उस धूप से भी कहीं अधिक तेज़ और गहरी हो।

"ओह! समरेश!" दिप्ति ने कहा, "मुझे क्या हो गया है। मेरा रोम-रोम तुम्हारे स्पर्श की उत्कण्ठा से भर आता है। तुम्हारे पास आने के लिए मैं कुछ भी कर बैठती। हम किधर जा रहे हैं?" उसने अपना चेहरा समरेश के कन्धों में छिपा लिया था।

"तुम जानती नहीं? उस स्वर्णिम दिशा में जिसे सब स्त्री और पुरुष जीवन भर

खोजते हैं और जिस तक बहुत भाग्यशाली ही पहुँच पाते हैं। मनुष्य जीवन की सर्वोतम उपलब्धि तो यही है।"

"कहते जाओ समरेश! तुम कितना कुछ कहते हो। मैं सुनती हूँ। कभी-कभी समझ नहीं पाती। पर तुम्हारी आवाज़ तुम्हारे स्वर की गहराई मेरे मन में भर जाती है। तुम ठीक ही तो कहते थे। सब संयोग की बात है। मैंने दुनिया भर में तुम्हें खोजा और फिर संयोग ने कितनी सुन्दर जगह ने तुम्हें मुझको दिया। मैंने नीचे नहीं जाना चाहती। इन्हीं पहाड़ों, पेड़ों, फूलों के एकान्त में रहूँगी। अपनी कल्पना के आदिम पुरुष और स्त्री रूप में। बाकी संसार से मुझे कुछ नहीं लेता देना। तुम्हें याद है कलिम्पोंग का वह सपना। कल रात मैंने फिर वही घर देखा था। ऊँचे पहाड़ों की घाटी में बहती नदी के किनारे पेड़ों के झुरमुट में छोटा-सा सफेद घर। तुम रहोगे न मेरे साथ हमेशा उस घर में।"

उन फूलों भरी धरती से बहुत दूर दिप्ति किसी और दुनिया में थी। खुले मैदान की उजली धूप में उसके निर्वस्त्र शरीर के उन्मत सामीप्य में डूबा समरेश सुनता रहा। हर मानव हृदय में जैसे अपनी निजी स्वप्निल दुनिया छिपी होती है। कभी-कभी, कुछ क्षणों के लिए, उसमें खो जाना अच्छा ही है। और फिर से उसके पूरे शरीर का भार समरेश पर था। धूप में तपे उसके उन्नत कुचाग्रों की जलती चुभन समरेश के सीने को दबाती गयी।

"कितना सौम्य और मृदुल है तुम्हारा शरीर।" अपने हाथों से उसका बदन सहलाते हुए समरेश ने कहा, "कहाँ भरी है इसमें इतना सब बोलने की शक्ति।"

उसकी उन्नत ग्रीवा, अर्धचन्द्रित वक्षों के उभार, और नितम्बों की सुन्दर गोलाई को समरेश देखता रहा जब तक अपने हाथों से दिप्ति ने उसकी आँखें न बन्द की दीं।

"अभी मन नहीं भरा! अनावृत स्त्री देह नहीं देखी कभी। सब एक सी ही तो होती हैं।"

"दो आँखों से तो देखी हैं। तुम्हें देखने के लिए चार आँखें खुल जाती हैं। दो आँखें तुम्हारी सुन्दर काया देखती हैं और दो भीतर का मन। और फिर सम्पूर्ण दृष्टि कहती है कि तुम्हारे शरीर के उष्ण स्पर्श में अनन्त काल तक खोया रहूँ।"

दोपहर ढल आयी थी। नीचे कैम्प तक उतरते-उतरते पेड़-पौधों के स्वरूप बदलते गये। देवदार के आखिरी झुरमुट से नीचे चीड़ के पेड़ और फिर बाँस का जंगल। दिप्ति की घोड़ी और समरेश का अड़ियल घोड़ा कमरे के पास एक पेड़ से बँधे थे।

"चलती हो फिर से ऊपर के मैदान में।" समरेश ने कहा, "तुम्हारी घोड़ी ऊपर जाने के लिए आतुर है।"

"आतुर तो तुम हो। पुरुष का मन कितना चंचल होता है। मैं तो नीचे आना

ही नहीं चाहती थी। कहा था न कि ऊपर ही रहूँगी।"

मनबहादुर मेज़ पर चाय रख रहा था, "मेन्शीथांग खबर हो गया मेम साब। मेजर साब आपका इन्तज़ार करेगा।"

"डॉक्टर साहब कहाँ हैं?" दिप्ति ने पूछा, "रामदत्त साहब को बोलो फोन करके ज़रा पूछें।"

"बड़ी चिन्ता है तुम्हें डाक्टर की। दाल में कुछ काला है।"

"डॉक्टर सम्वेदनशील है, दिमाग़ तेज़ है। कुछ वर्षों के अनुभव से तुम्हारे जैसा बुद्धिमान हो जायेगा।" दिप्ति ने चंचल भाव से समरेश की ओर देखकर कहा, "पर तुम्हारे जितना सुन्दर नहीं।"

"याद है तुम्हें उस दिन शर्मा ने कहा था कि एक ही अनुभव से डाक्टर की बुद्धि का कितना विकास हुआ है।"

"तो फिर मैं सोचती हूँ कि न जाने कितने अनुभव किये होंगे तुमने इतनी बुद्धिमत्ता पाने के लिए।"

जीप का इन्जन स्टार्ट नहीं हो रहा था। फिर अटपटी आवाज़ में चल निकला। "गाड़ी का ख़्याल नहीं करता तू सरवना।" रामदत्त राम ने कहा।

"इन्जन की सिलन्डर गासकट फट गयी साब जी। वर्कशाप वालों के पास नहीं थी। एक पुरानी गासकट डबल कर लगाई है। कल फिर जाऊँगा वर्कशाप। " सरवन सिंह ने जवाब दिया।

"आगे लगे इस वर्कशाप में। दो मिक्सर महीने भर से ख़राब पड़े हैं। कोई पारट नहीं मिलता।" रामदत्त राम ने कहा। फिर जीप में समरेश के साथ बैठी दिप्ति से पूछा, "घोड़ी पसन्द आया मेम साब? कब का बन्दोबस्त करूँ नेपाल जाने का?"

"आप चलेंगे न हमारे साथ।" दिप्ति ने कहा।

"आप ले चलो तो क्यूँ नहीं जायेंगे।" उसने कहा।

धुन्धलाती शाम में जीप चलाते समय समरेश रामदत्त के बारे में सोचता रहा। दिप्ति ने कहा था कि बेटी का देहान्त होने के बाद ही उसने बौर्डर रोड में भरती होना तय किया था। बहुत लगाव था बेटी से। और फिर जीवन भर के पहचाने फौजी जीवन में दुबारा से खोकर साँत्वना ढूँढ़ने आया था इन पहाड़ों में। स्नेह के विभिन्न स्वरूप कैसे जीवन की कड़िया जोड़ते हैं? पर जीवन के आरम्भिक वर्षों में माता-पिता से मिले स्वाभाविक प्यार के बाद अपना आचरण और संस्कार ही स्नेह पाने का आधार बनते हैं। उन प्राम्भिक वर्षों में ढले आचार-विचार के मूल संस्कार मानों वयस्क जीवन में स्नेह पाने की नींव हों। समरेश सोचता रहा कि शायद रामदत्त को दिप्ति की झलक में अपनी बेटी नज़र आती है। क्या सोचता होगा वह दिप्ति के बारे में? उसके पति के बारे में?

दिप्ति और समरेश के सम्बन्ध के बारे में? पर निर्मल स्नेह भावना में कोई सच्चाई होती है जिसे हर मनुष्य का अचेतन रूढ़िवादी परिपाटियों के दबाव से विमुक्त हो कर स्पष्टता से देख पाता है।

शाम के बढ़ते अन्धेरे में दिप्ति अपना सिर समरेश के कन्धे पर रख कर सो गयी थी। उसके शान्त सामीप्य में एक संरक्षाणात्मक अधिकार की सुखद भावना के साथ सहचारिता का आश्वासन और संतृप्ति थी। एक सरस आल्हाद की मधुर लहर समरेश के मन में बिखरती गयी। यह जीप ऐसे ही चलती जाये और उसके कन्धों पर झुकी दिप्ति ऐसे ही सोयी रहे।

"बहुत थक गयीं, तुम!" मेन्शीथांग घाटी पहुँचने के आखिरी मोड़ पर चढ़ती जीप में जाग गयी दिप्ति से उसने कहा।

"कितना नाची आज मैं तुम्हारे लिये।" कुछ देर की नींद और घाटी में बहती लाचेन नदी के पानी की कलकलाहट ने उसकी चांचल्य भावना पुनर्जागृत कर दी थी। "सुना है तुमने वह लोकगीतः मेरा बालम छैल छबीला, मैं तो नाचूँगी।" नदी के बहते पानी के अनेक स्वर मन में गूँजते गये। दिप्ति उल्लास से भरी थी। "वर्षों बाद बहुत घुड़सवारी की है आज! तुम्हारी उस घोड़ी ने शरीर के हर जोड़ को हिला दिया। कल तो खड़ी भी न हो पाऊँगी। खूब दौड़ती है।"

और सचमुच अगले दिन दिप्ति लड़खड़ाती हुई ही चल पा रही थी।

"पहाड़ी बकरी को ढूँढने के लिए तो पहाड़ पर बहुत ऊपर चढ़ना होगा।" मेजर सदाशिव ने बनावटी गाम्भीर्य से कहा। दिप्ति ने अपनी घोड़ी यात्रा की कहानी पिछली शाम उन्हें सुना दी थी। "आप कहें तो एक घोड़ी का प्रबन्ध कर दें।"

"आप इन्हें ललचाइये नहीं। बहुत दृढ़ संकल्पी हैं।" समरेश ने कहा, "कहीं सचमुच ही चल पड़ीं तो शाम को स्ट्रेचर में ऊपर से उतारना पड़ेगा।"

"स्ट्रेचर नहीं तो सहारे की ज़रूरत तो इन्हें अब भी है।" डाक्टर ने कहा, "किसने कहा था ऐसी घुड़सवारी करने को।"

"तुम्हीं सहारा दो डाक्टर," समरेश ने कहा, "बहुत इच्छा थी इन्हें तुमसे मिलने की।"

मेजर सदाशिव ने पास के गाँव से दो लेपचा युवकों को बुलाया था जो कहते थे कि हाल ही में उन्होंने जंगली बकरी देखी थी। दो कैमरों को गले में लटका कर समरेश उनके साथ ऊपर चल पड़ा। दिन भर जंगलों की ख़ाक छानने पर भी बकरी कहीं नज़र नहीं आयी। दोनों लेपचा कहते रहे कि बकरी के पाँव के निशान झरने के पास थे। बहुत सबेरे आकर वहाँ बैठने से बकरी ज़रूर देखी जा सकती है। मामूली बकरी से दुगनी है। तेज़ सींग हैं। मार भी सकती है। दोनों लेपचा कहते रहे। झरने तक ढेड़ घंटे तक का रास्ता था। सुबह पाँच बजे चलना होगा।

लेपचा युवकों से बात करने के बाद जब समरेश वापिस पहुँचा तो अंधेरा छा

गया था। मेजर सदाशिव अपनी जीप में ऊपर के तिब्बती लेबर कैम्प के पास किसी ऐक्सीडेन्ट स्थल का निरीक्षण करने जाने को तैयार थे। दिप्ति अपने कमरे में सोयी थी। उसकी तबीयत ठीक नहीं थी। "काफी बुखार है। डॉक्टर कहता है कि शायद कल ठन्ड लग गयी थी। उसने दवा दी है और कहा है कि इन्हें सोने दिया जाये।" मेजा सदाशिव ने बताया। डॉक्टर ऐक्सीडेन्ट में घायल मरीज़ों की देखभाल में व्यस्त था। शायद देर में खाना खाने आये।

काफी देर रात तक 'कल ठन्ड लग जाने' की ज़िम्मेदारी महसूस करते हुए समरेश मैस में बैठा पुराने अखबारों को उलटता पुलटता रहा। दिप्ति के कमरे में अंधेरा था। डॉक्टर का सन्देश मिलने के बाद उसे उठाने का तो कोई प्रश्न नहीं था। सुबह बहुत जल्दी उठकर ऊपर जाते समय भी उसके कमरे में रोशनी नहीं जली थी। मन ही मन समरेश ने अनुमान लगाया कि दिन निकलने पर मेजर सदाशिव दिप्ति को उसके बारे में बता देंगे। डॉक्टर तो कैम्प में था ही। दिप्ति की देखभाल में कोई कमी नहीं रहेगी। और फिर आज तो वह दोपहर तक लौट ही आयेगा।

सूरज निकलने से कुछ देर बाद दो विशालकाय बकरियाँ झरने के पास आयीं। मामूली पालतू बकरियों से काफी भिन्न थीं। सूरज की तिरछी धूप-किरणों में सुनहरे रंग की चमकती खाल, और उनके सींग भी सचमुच काफी बड़े थे। समरेश ने कई फोटो खींचे। और फिर दोपहर चढ़ जाने तक वे उनका पीछा करते रहे। तरह-तरह की पृष्ठभूमि में, नाना परिस्थितियों में, और बदलती धूप की रोशनियों में कैमरे की चार पूरी रीलें समाप्त करने के बाद समरेश को विश्वास था कि उसने अच्छे फोटो खींच लिये थे। उनको देखकर दिप्ति बहुत खुश होगी। समरेश के नीचे वापिस लौटने तक तीन बज गये। आसमान में गहरे बादल घिर आये थे। उसने लेपचा युवकों को अच्छा इनाम देकर विदा किया।

दिप्ति के कमरे का दरवाज़ा खुला था। "बिना लेशमात्र सन्देह के।" डॉक्टर की आवाज़ कमरे में से आ रही थी। डॉक्टर की उपस्थित के बावजूद नब्ज़ देखने के बहाने दिप्ति का हाथ अपने हाथ में लेने से समरेश अपने को ने रोक पाया। उसका बुख़ार नहीं उतरा था। "इन्हें कुछ दिन आराम की ज़रूरत है।" डॉक्टर ने कहा, "मैं कह रहा था कि यहीं रहें पर इन्हें ज़िद है वापिस जाने की।"

"मैंने आपको बहुत तकलीफ में डाल दिया और खुद आराम से लेटी हूँ।" दिप्ति ने समरेश की ओर देखकर मुस्कुराने की कोशिश करते हुए कहा, "मेजर सदाशिव ने मुझे आपकी कल दिन भर की बेकार मेहनत के बारे में बताया है। शायद वैसी कोई बकरी इन पहाड़ों में है ही नहीं।"

"पता नहीं कैसे न्यूयार्क में बैठे-बैठे आपकी मित्र को सिक्किम में जंगली बकरियाँ दिखायी दे रही हैं।" समरेश ने कहा, "खैर जब आप इतनी दूर यहाँ आयी

हैं तो दो तीन दिन और कोशिश करनी ही पड़ेगी। तब तक आप ठीक भी हो जायेंगी।"

पर तब दिप्ति के हाथ की सहसा बढ़ी कम्पन और उतरे चेहरे को देखकर समरेश उस दिन की अपनी अभूतपूर्व सफलता की दास्तान नहीं रोक सका। "कम से कम दस लाजवाब फोटो निकलेंगे। आप अपनी मित्र से कह सकती हैं कि जान पर खेल कर आपने तिब्बत सीमा के पास शेर-भालूओं से भरे जंगलों में घूम-घूम कर ये महा दुर्लभ फोटो खींचे। असली बात तो प्रेरणा की होती है और वह सब आपकी थी। मैंने तो आपके कैमरों को ऊपर तक ले जाकर सिर्फ मज़दूरी की है। उसकी बख़्शीश दे दीजिए।"

बुखार से शिथिल दिप्ति के चेहरे पर एक क्षीण सी मुस्कान झलक आयी, "दे दूँगी। बहुत जल्दी क्यों करते हैं। आपकी बहुत शोहरत होने वाली है। 'नेशनल ज्योग्राफिक' आपको कहीं 'रेज़ीडेन्ट फोटोग्राफर' न अपाइंट कर दें।" और फिर कुछ रुक कर उसने कहा, "तो फिर कल हम वापिस जा सकते हैं?"

डॉक्टर ने पेशेवर नाराज़गी से कहा, "आप बहुत थक गयी हैं। कुछ देर आराम कीजिए। फिर शाम को बातें करेंगे। फिर समरेश की ओर देखकर वह कहता गया, "घंटा भर मेजर सदाशिव से बातें करती रहीं और फिर आधा मील पैदल चलकर मेरे पास मैडीकल इंसपेक्शन रूम में आ गयीं। मुश्किल से एम्बुलेन्स में यहाँ वापिस लाकर सुलाया तो भी अशान्त हैं। यही हाल रहा तो रात को नींद की गोली देकर सुलाना पड़ेगा।"

दिप्ति की अस्वस्थता के लिए अपराध-भाव से भरा समरेश डाक्टर के साथ आफिसर्स मेस की ओर चलता गया। परसों शाम जीप में उसके कन्धें पर सिर रखकर सोयी दिप्ति की शान्त छवि का सुखद अनुभव उसके मन में झलक आया। दो दिन भी तो नहीं हुए थे। कितना भिन्न है यह आज परसों से। मनुष्य जीवन भी इन पहाड़ों के मौसम की तरह है। कभी साफ नीला आकाश और फिर कितनी जल्दी घनी धुन्ध और बरसात घिर आती है। समरेश सोचता रहा कि दिप्ति के कमरे में बैठकर उसके हाथों को अपने हाथ में लेकर कितनी सरलता से वह उसे सुला सकेगा। पर शायद वह उचित नहीं होगा। शारीरिक अस्वस्थता में प्रियजनों की उपस्थिति की कितनी प्रबल अपेक्षा होती है। इतने वर्षों के अपने अकेले जीवन के अनुभव से क्या समरेश यह नहीं जानता था? लेकिन इस निर्वयक्तिक औचित्य की रेखा तोड़ने की इजाज़त दिप्ति ने उसे नहीं दी थी। वह भार तो अब तक दिप्ति ने ही उठाया हुआ था।

"आप कल इन्हें वापिस गंगटोक ले जायें।" डॉक्टर ने कहा, "मैं तेज़ दवा दे दूँगा। सुबह तक बुखार उतर जायेगा।"

"लेकिन तुम ही तो कह रहे थे कि कुछ दिन आराम की ज़रूरत है।" समरेश ने हैरानी से कहा।

"अपने घर पहुँचकर ही आराम कर पायेंगी।" डॉक्टर ने अस्थिर आवाज़ में कहा, "अशान्त हैं। और मनुष्य शरीर की अंतःस्त्रावी ग्रन्थियों के स्त्राव का असन्तुलन ही अधिकतर बीमारियों का मूल होता है। अंत में शरीर में जो कुछ भी होता है उसका मूल स्त्रोत मन की भावनाओं में ढूँढा जा सकता है।"

"पर एक दिन के थोड़े से बुखार के लिए इतनी गूढ़ व्याख्या की क्या ज़रूरत आ पड़ी। क्या कुछ विशेष बात है?"

डॉक्टर बरामदे से आगे मैदान में बहती लाचेन नदी को देखता रहा। काफी देर तक वे दोनों चुपचाप बैठे रहे। "क्या बात है? चुप क्यों हो गये डॉक्टर?" समरेश ने कहा।

"मैं युमथांग में बिताये उस दिन के बारे में सोच रहा था।" और फिर वह कहता गया "कल और आज वे मुझसे सवाल पूछती रहीं। मेरे सवालों का उत्तर नहीं देतीं। तो मैं क्या जवाब दूँ? और फिर डॉक्टरी पेशे की नैतिकता के नाते भी कुछ बातें नहीं कही जा सकतीं।"

शाम तक दिप्ति का बुखार हल्का पड़ गया था और अगले दिन सुबह जब वे मेन्शीथांग से वापिस चले तो बुखार पूरी तरह उतर चुका था। पर तेज़ दवा से बहुत कमज़ोरी थी। डॉक्टर ने जल्दी गंगटोक पहुँचने को कहा था। समरेश अपने कैम्प में केवल यह कहने मात्र के लिए रुका कि वह देर रात वापिस लौटेगा। सिंधिक डाकबंगला सड़क से काफी नीचे था। क्षणभर के लिए समरेश ने जीप रोकी तो दिप्ति जाग गयी। "हमें आज रात यहाँ रुकना है। सुबह कंचनजंगा पर सूर्योदय की फोटो खींचनी हैं। भूल गये तुम।" दिप्ति ने क्षीण रूप से मुस्करा कर कहा। उसके हाथ एकदम ठन्डे थे पर चेहरे पर एकदम क्लांति भाव जैसे बुखार फिर चढ़ने वाला हो। समरेश ने जीप स्टार्ट की। वे लगातार चलते रहे। तीन घंटे बाद लंच के लिए जीप रोकने पर दिप्ति ने कुछ भी खाने से इन्कार कर दिया।

"चार बजे तक हम गंगटोक पहुँच जायेंगे।" समरेश ने कहा "इस दशा में तुम्हें अकेला छोड़कर लौटते समय मेरा मन न जाने कैसा होगा।"

"मैं ठीक हूँ। कुछ चिन्ता न करना। मुझे कुछ समय दो समरेश। मेरा मन विचलित है।"

"दो दिन के बुखार से इतनी परेशान हो जाओ ऐसी मिट्टी की तुम नहीं बनी हो यह मैं जानता हूँ। कहोगी नहीं कुछ और?"

"मैंने कहा था न कि अपनी परिस्थिति मैं ही सम्भालूँगी। पूरा भार तुम पर नहीं डालूँगी। कहीं मुझे छोड़कर भाग गये तो?"

गंगटोक से वापिस लौटते समय पेनांग ला से नीचे उतरने के आखिरी मोड़

पर कुछ देर रुक कर समरेश गंगटोक की रोशनियों को देखता रहा। कल दोपहर तक विनय वापिस आ जायेगा। दिशा तो अब सुनिश्चित थी। दिप्ति दृढ़ निश्चयी है। पर उसका मन इतना विचलित क्यों था? सहसा समरेश के मन में उफान आया कि लौटकर दिप्ति के पास जाये। घंटे भर ही का तो रास्ता था। कैम्प वापिस लौटने के लिए तो पूरी रात बाकी थी। रुमटेक गोम्पा की पहाड़ी से ऊपर के घड़ियाल की आवाज़ दिप्ति के घर में भर रही होगी।

"चलें साब!" ड्राईवर सरवन सिंह कह रहा था, "अपने कैम्प तक पहुँचते-पहुँचते बहुत रात हो जायेगी।"

16

दिप्ति ने अपनी डायरी में लिखा

काठमाण्डू घाटी की हड़बड़ से बहुत दूर, मच्छपुछारे, द् फिश टेल माउंटेन। आज आसमान कितना साफ है। मच्छपुछारे की शुभ्र-श्वेत चोटी, एकदम ऊपर पर इतने समीप, आकाश की नीलिमा की पृष्ठभूमि में चमचमा रही है। आँखें चौंधिया जाती हैं। पर फिर भी मैं इसे देखती रहना चाहती हूँ। कंचनजंगा के उत्तुंग शिखर तो सिंधिक से भी इतने समीप नहीं थे। पर उन शिखरों का प्रभाव दूसरा था। बचपन में दार्जिलिंग से देखी उन पर्वत श्रृंखलाओं की विस्मयपूर्ण पहली स्मृतियाँ और फिर बाद के वर्षों में जाने उनके विख्यात ऐश्वर्य और महिमा ने जैसे उस दूरी को और बढ़ा दिया हो। मैं तो सामीप्य ढूँढ रहीं हूँ। शायद इसीलिए काठमाण्डू में न रुक सकी और यहाँ, पोखरा, चली आयी। मच्छपुछारे, और पानी में झिलमिलाते उसके पूर्ण प्रतिबिम्ब का सामीप्य पाने। उसकी सुनहरी चोटियों को छू सकने के लिए।

"मैडम आप बोट मैन ले सकती हैं। अगर चाहें तो बोट को खुद 'रो' कर सकती हैं।" मिस्टर डिसूज़ा फिशटेल होटल के मैनेजर हैं। कलिम्पोंग के हिमालय होटल से भी अच्छा खाना है। सफाई है। सुरुचि है। मिस्टर डिसूज़ा को कलकत्ते से आये दो वर्ष हो चुके हैं। परिवार? मिस्टर डिसूज़ा सिर्फ मुस्कराते हैं। हे भगवान! इस दुनियां में कितने लोग अकेले रहते हैं! अन्नपूर्णा, धौलागिरी, हिमाचूली, न जाने कितनी दुर्गम श्रृंखलाओं पर चढ़ने वाली पर्वतीय टोलियाँ कितने वर्षों से यहाँ ठहरती रही हैं। होटल झील के एक टापू पर बना है और किनारे जाने के लिए लकड़ी के तख़्तों को जोड़कर बनाया एक चौकोर बेड़ा है जिस पर बँधी रस्सियों को स्वयं खींचकर उसे किसी भी किनारे ले जाया जा सकता है।

आज से तीन दिन पहले हम लुकला पहुँचे थे। उन अलौकिक पहाड़ी पगडंडियों के मार्ग से। मैंने कभी नहीं सोचा था कि सचमुच में यह रास्ता अपनाऊँगी। पर लालच बहुत था। बहुत आकर्षण था। और जोखिम भी बहुत था। जोखिम के रास्तों ने तो मुझे हमेशा ललचाया है। जब स्थिति असम्भव हो जाये तब भी तो जीवन किसी न किसी ओर बढ़ेगा ही चाहे मन कितना ही डोलता रहे।

मनबहादुर मुझे अपने गाँव ले जाना चाहता था। दो दिन का रास्ता जो घोड़ों को तेज़ भगाने से दिन भर में पूरा किया जा सकता है। पर मैं घोड़ी को दौड़ाना बिल्कुल नहीं तय कर पायी थी। समरेश को तो वही अड़ियल घोड़ा था। फिर तम्बू और सामान का खच्चर। मनबहादुर को भी तो दौड़ना पड़ता। पर मैं खुद अपनी बात नहीं तय कर सकी जैसे कि परसों काठमाण्डू से भक्तपुर साईकिल पर जाना तय नहीं कर पायी थी। सोचती रही क्या साईकिल चलाना घोड़ी दौड़ाने के समान होगा। डॉक्टर न जाने क्या कहता इस बारे में। मैं चाहती भी थी और कर भी नहीं पायी। तो फिर सचमुच में नहीं ही चाहती होऊँगी।

समरेश मुझसे नाराज़ है। विनय भी। पर दोनों के नाराज़ होने के ढंग कितने भिन्न हैं। एक के साथ ग़लती मेरी है । और दूसरे के साथ उसकी अपनी। पर अंत में तो सब ग़लती मेरी ही है क्योंकि अपने जीवन की ज़िम्मेदारी तो मेरी अपनी है। मैं सोचती हूँ कि बौद्धिक, भावनात्मक और भौतिक स्तर पर जिस भी परिस्थिति में मैं हूँ वह सिर्फ वही है जिस तक पहुँचने की सामर्थ्य मुझ में है। ठीक उसी प्रकार जैसे सूर्य के चारों ओर घूमते ग्रह उन्हीं व्यास पथों की परिक्रमा करते हैं जहाँ उनकी अपनी गुरुत्वाकर्षण शक्ति उन्हें ले जा पाती है। विनय से बात शुरू करने पर कहता है कि मैं बहुत बोलती हूँ। उस से कुछ भी कह सकना असम्भव है। पर समरेश से तो मैं सब कुछ कह सकती थी। पर चुप रही। कहना चाहती थी। वही तो लालच था। पर उन दोनों दिन मैं सोचती रह गयी। कितने सुन्दर थे वे दिन। कभी कभी पैदल और कभी घोड़ों पर चलते हुए। उन ऊँची पहाड़ी पगडंडियों पर समरेश के साथ चुपचाप चलते रहने में मुँह से बिना कुछ भी बोले किती बातें कही-सुनी गयीं थीं। पर मैं कहना चाहती थी। मैं अपना भार बाँटना चाहती थी। कल। फिर कल। फिर लुकला में। वहाँ तो बहुत समय होगा।

"लोग बोलता है चार दिन बाद हवाई जहाज़ आया है। मेम साब बहुत भागवान है।" मनबहादुर बोला। लुकला पहुँचने के बाद हमने एक पहाड़ी ढाबे में लंच खाना शुरू ही किया था जब जहाज़ की गूँज घाटी में भर गयी। सामने के विशाल बर्फीले प्रदेश के परोक्ष में एक छोटी-सी मैना के समान दिखाई पड़ता हवाई जहाज़ फिर बड़ा होता गया। मेरा भाग्य सचमुच तेज़ है! दस हज़ार फुट की ऊँचाई पर किसने बनायी थी यह हवाई पट्टी। लगता है कि जैसे पहाड़ों की गहराई की ओर ढलान लिये हो। हवाई जहाज़ के जमीन को छूते ही तेज़ी से घूमते पहिये अगर रुक जायें तो जहाज़ घाटी की दूर गहराई के उफनती दूध-कोसी नदी में लुढ़क जाये। जो पायलट हवाई जहाज़ को इस पट्टी पर उतार सकता है वह अपने जहाज़ को कहीं भी ले जा सकता है। समरेश के कैम्प से ऊपर उस फूलों भरे मैदानों में भी।

अधिकतर विदेशी पर्वतारोही आये हैं जहाज़ में। एवरेस्ट की ओर जाते समय रास्ते में पड़ते नामचे बाज़ार और थ्यांगबोचे गोम्पा का रास्ता तो यहीं से है। आधे

घंटे में हवाई जहाज़ वापिस जायेगा। घाटी की गहराई के पार बर्फ के पहाड़ों की उस दूरी को मैं देख रही हूँ। चालीस मिनट की उड़ान। नहीं तो सात दिन का पैदल रास्ता। और मेरे मन की उलझनों का अनन्त लम्बा रास्ता । अपने साथ खड़े समरेश को मैं देखती हूँ। एकदम चुप। दृष्टि घाटी की विस्तृत गहराई में कहीं विलीन। शायद उसे समझने की कोशिश करते हुए जिसे मैं कह और समझा न सकी। भव्य ललाट है। कितनी शान्त आँखें। दस मिनट बाद जहाज़ में चढ़ना होगा। मनबहादुर मेरा बैग जहाज़ में रख रहा है। कोई सख़्त कायदा कानून, कोई औपचारिकता नहीं है। इस स्वर्गीय प्रदेश में। जहाज़ की सीढ़ी तक समरेश के साथ जा सकती हूँ। बहुत पहले कहीं देखी, सुनी, समझी, छवि मन में झलक आती है। दूर यात्रा पर जाती पत्नी अपने पति की चरण धूलि लेती है। आँखें जैसे झलक आयेंगी। घूमकर मैं हवाई जहाज़ के पीछे चली जाती हूँ। एक पतिंगा आँख में पड़ गया था। मैं समरेश से कह रही हूँ। जहाज़ से पीछे खड़ी आकृतियाँ अभी भी अस्पष्ट, धूमिल, दिखाई पड़ती हैं। "तब फिर!" जहाज़ की सीढ़ियों के साथ खड़े समरेश की आवाज़ है। जहाज़ का दरवाज़ा बन्द हो गया है। तब फिर! तब फिर! तब फिर! जहाज़ के तेज़ होते इंजन की आवाज़ मेरे मन में गूँज रही है। कुछ और नहीं सुन पाती हूँ। जहाज़ जमीन से उठने पर नीचे खड़े लोग छोटे होते जाते हैं। फिर केवल बिन्दु मात्र। और ऊँचा उठने पर सृष्टि के अपार विस्तार में अदृश्य।

काठमाण्डू से दस मील दक्षिण पूर्व में भक्तपुर है। चौकोर पत्थरों से प्रशस्त प्रधान चौक में अपनी गाइड बुक खोल कर मैं काष्ठ मूर्तिकाल के बारे में पढ़ती हूँ। भक्तपुर प्राचीन भारत के विध्वंस्त शहरों का प्रतिबिम्ब है। चौदहवी शताब्दी में अफगानों द्वारा नालन्दा ध्वंस्त किये जाने पर अनेक गुरू-शिक्षक ऊँचे पहाड़ों से सुरक्षित इस घाटी में चले आये थे। नालन्दा का तांत्रिक शिक्षण केन्द्र अफगान शासकों की सामान्य और सीधी धार्मिक मान्यताओं का अतिक्रमण करता था। जैसे मैंने विनय की मान्यताओं का अतिक्रमण किया है।

कितने कबूतर हैं इस चौक में। बिखरे दानों को खा कर कितनी मनोहर प्रयत्नशील उड़ान भर कर मन्दिर के शिखर पर बैठ जाते हैं। और फिर नीचे तैर आते हैं। हल्की धूप है। आकाश में तैरते बादल धूप को तेज़ नहीं होने देते। फिर भी मैं अपना स्वेटर उतार देती हूँ। ठन्डी हवा से बदन में उठती फुरफुरी मुझे अच्छी लगती है। दाहिनी ओर एक ऊँचे भवन की सफेद पुती दीवार से ऊपर अट्टालिका की सुन्दर नक्काशी लकड़ी की फोटो खींचने के लिए मैं कैमरे में टेली-फोटो लेंस लगा रही हूँ। "इधर से फोटो खींचें मेम साहब।" एक बूढ़ा गाईड मुझे मन्दिर के चबूतरे के ऊपर ले आता है। फिर मैं उसके साथ चलती रहती हूँ। अकेले घूमना मुझे अच्छा नहीं लगता। पर मैं तो कुछ दिन अकेली रहने के लिए आयी थी। सोचने के लिए। पर कहाँ से सोचना शुरू करूँ। पहले ही कितना सोच चुकी हूँ।

जीवन की गति क्या सोचने मात्र से चलती है? हर नया दिन अपना ही पूर्व निश्चित दबाव लाता है। एक बँधी दिशा में हमें ढकेलता है।

उग्रचण्डी दुर्गा के अट्ठारह हाथ और भैरव की बारह बाहों वाली मूर्तियाँ मुझे दिखाते हुए गाईड कहता है कि मूर्तिकार के दोनों हाथ राजा ने कटवा दिये थे जिससे कि ऐसी सुन्दर मूर्ति कहीं और न बना सके। न जाने क्यों मैं राजा भूपथीन्द्रा मल्ला और उसकी रानी की सोने से मढ़ी मूर्तियों की फोटो खींचती हूँ। जया रंजीत मल्ला द्वारा दो सौ साल पहले बनवाया ताबें की पत्ती से मढ़ा सन ढोक का दरवाजा धूप में चमक रहा है। तोरण पर बनी महावैष्णवी और उसके ऊपर के गरूड़ को मैं देखती रहती हूँ। इटली के फ्लौरेंस शहर में घिबर्टी द्वारा बनाये मशहूर दरवाज़ों से इस दरवाज़े की तुलना की जाती है। पर दोनों कितने भिन्न हैं।

भक्तपुर से काठमाण्डू की ओर वापिस आते हुए रास्ते के किनारे चीड़ के पेड़ों का झुरमुट है। दो ऊँचे टीले हैं। टैक्सी रोक कर मैं एक टीले पर चढ़ती हूँ। दूर तक फैली काठमाण्डू की हरी भरी घाटी को देखती हूँ। हरे खेतों के बीच एक नदी है। शाम की धूप खेतों की हरियाली में एक सुनहरी आभा भर देती है। और नदी के पानी में चाँदी की झलझलाहट। आज सुबह स्वयंभूनाथ के मन्दिर से भी मैंने देखी थी यह नदी। कितनी ऊँचाई पर है स्वयंभूनाथ का मन्दिर। बहुत पास आकर ही मालूम पड़ता है कि कितनी चढ़ाई है। मैं खोज रही थी वह सफेद घर। उस ऊँचाई से भी नहीं ढूँढ पायी थी नदी के किनारे के पेड़ों के झुरमुट में बना वह छोटा सा घर जिसे दो बार सिक्किम में देखा था। मन्दिर के देवता, स्वयंभूनाथ की चारों दिशाओं का सर्वेक्षण करतीं तेजस्वी आँखों ने ज़रूर देखा होगा उस घर को। उस अज्ञात नाविक को स्वयंभूनाथ ने देखा होगा। पर मैं तो नास्तिक हूँ। स्वयंभूनाथ के मन्दिर में आरती नहीं कर पाऊँगी। तब फिर! तब फिर! हवाई जहाज़ का दरवाज़ा बन्द होने से पहले समरेश ने पूछा था। मनबहादुर और समरेश घोड़ों पर बैठकर वापिस गये होंगे। लुकला से झील तक चार घंटे का ही तो रास्ता है। झील से नीचे उस सपाट मैदान में तम्बू लगाया होगा। और अगले दिन सुबह ऊपर झील तक दुबारा गये बिना वापिस लौट गये होंगे। आधे घंटे से अधिक की सख़्त चढ़ाई है झील के किनारे तक। समरेश अब अकेले वहाँ नहीं जायेंगे। टैक्सी वाला हार्न बजा रहा है। किना कर्कश है यह हार्न। पर वर्तमान का यथार्थ तो यही है।

कितने वर्षों से मैंने सोचा था कि यह कितने आनन्द का समय होगा। और अब मन कितने संशय में है। समरेश से मैं कुछ कह भी कैसे सकती थी। कैसी दुविधा में थी मैं उस रात युमथांग में। सब सतर्कता भूल गयी और अब संशय में हूँ। जीवन का कितना सारा भाग संशय और भूलों के बीच गुज़र जाता है। पर फिर बीते दिनों में जो कुछ भी हुआ उसके भविष्य को मैं अपने मन में ढूँढती हूँ। और फिर सहसा आनन्द की एक स्फूर्तिमय लहर मन में दौड़ जाती है। मंत्रमुग्ध

हो उस भावना को मैं बहुत देर तक छोड़ नहीं पाती। कितना भी संशय हो। चाहे कितनी भी परस्पर विरोधी तरंगें मन में उठें।

"कौफी मेम साहब? बिस्किट? केक?" एक नाव पास आ रही है। दो आदमी हैं। एक नाव चलाने वाला और दूसरा प्राइमस स्टोव में कॉफी बनाने वाला। आसपास में कोई नाव नहीं है। किनारा काफी दूर है। कितनी बड़ी है यह फेवा झील। जब मैं होटल से चली थी तो ख़्याल भी न था कि आगे आकर झील का आकार इतना विस्तृत हो जायेगा। कॉफी, बिस्किट, केक, सब लेती हूँ। देर से लंच पर जा सकूँगी। शायद न भी जाऊँ। और इतनी दूर नाव में आकर यह सब बेचने का मेहनताना तो इनको मिलना ही चाहिए।

झील के दाहिने ओर सड़क पर एक बस जा रही है। सड़क के किनारे कुछ दुकानें हैं। झील के दूसरी ओर घने जंगल से ढकी छोटी पहाडियाँ सूनसान लगती हैं। आबादी का कोई भी चिन्ह नहीं। पोखरा अच्छी जगह है। बहुत कम लोग, शान्त हल्की लहरों वाली यह झील, और आकाश में सहसा एकदम इतनी ऊँची उठी मच्छपुछारे की चोटी जिसे बार बार देखने पर भी विश्वास नहीं हो पाता कि वह सचमुच की है, एक मरीचिका मात्र नहीं। अन्नपूर्णा, धौलागिरी, हिमालय की विशाल श्रृंखलायें पोखरा से दिखाई नहीं देतीं। पर पोखरा उनका प्रवेश द्वार है। हिमालय की अभेद्य, अन्तहीन, विराट, गहराई में फैली उन श्रृंखलाओं का सान्निध्य इस वातावरण में है। देखे बिना भी तो उपस्थिति अनुभव की जाती है। अपने शरीर के भीतर देखे न जाने पर भी तो महसूस की जा सकती है। एक अनदेखे सानिध्य की भावना लहरों के उल्लास में खो जाना तो सभंव है। पर ऐसे सुखद क्षणों के बाद घबराहट, फिर वहीं संशय भावना, मेरे मन में भर आती है।

बहुत दूर तक यह नाव चलायी है आज। दोनों पतवार नाव के अन्दर रख कर मैं नाव के तख़्तों पर लेट जाती हूँ। नाव के हिचकोले नीले आसमान में तैरते बादलों को अपनी थपकियों से डोला रहे हैं। व्यायाम करना ठीक है पर घोड़ी को सरपट दौड़ना ठीक नहीं है, डॉक्टर ने कहा था। रूपहले बादलों की चौंध से बचने के लिए मैं स्कार्फ से अपना चेहरा ढक लेती हूँ। यह नाव एक हिंडोला है। हल्की बहती हवा में उठती झील की लहरें एक लोरी जैसी आवाज़ मेरे मन में भरती जा रही हैं। मैं झूल रही हूँ। पर सो नहीं सकती। अचानक कितनी गर्मी हो गयी है। दोहरे स्कार्फ के भीतर मेरा चेहरा जल रहा है।

"बहुत गर्मी है।" धूप से मेरा चेहरा जल रहा था, "कितनी फोटो खींचोगे?"

"बस सिर्फ चार बाकी हैं," समरेश ने कहा था, "थोड़ा और आगे आओ। झील में तुम्हारा पूरा प्रतिबिम्ब आ जायेगा।" पानी एकदम ठन्डा, बर्फीला था और पानी से बाहर आने पर रात की बारिश से धुले आसमान की इतनी तेज़ धूप। समरेश और विनय दोनों मुझसे नाराज़ हैं। बहुत दूर हैं अब दोनों। और अब

उनकी नाराज़गी के बावजूद इस नाटक का उपसंहार अनिवार्य है। विनय की नाराज़गी पहले एक बच्चे की तरह रूठने और फिर हताश अभद्रता में उभर आती है जिसे मैं अब और सहन नहीं कर सकती। जो कुछ भी हो। चाहे....चाहे जो कुछ भी हो। उस बीते जीवन का चाहे जो कुछ भी अंश रह जाये, अब वह साझेदारी समाप्त हो चुकी है। उसमें अब कुछ शेष नहीं है।

मैं समरेश का चेहरा देखती हूँ। शान्त। गम्भीर। उद्विग्न पर शान्त। वह सरल उन्मुक्त भाव नहीं है जिसे अब मैं कितनी अच्छी तरह पहचानती हूँ। भव्य उन्नत ललाट। लुकला हवाई पट्टी पर और उसी दिन सुबह उन ऊँचे पहाड़ों के अंचल में सिमटी झील के किनारे पर देखे मानचित्र अमिट हैं। मन में शान्ति नहीं है यह मैं देख सकती हूँ। झील के किनारे वैसा ही एकांत है, पर समरेश के कैम्प से ऊपर देवदार के ऊँचे वृक्षों से घिरे उस फूलों के मैदान की सी स्वच्छंद भावना नहीं है। यह आखिरी शाम है। हम उस ऊँची पर्वतीय झील से बहुत नीचे की सपाट भूमि में तम्बू लगा रहे हैं। यात्रा-साथ, यात्रा-अंत का पूर्वाभास अभी से हमारे साथ है। सुबह बहुत तड़के हम झील तक की एकदम सीधी चढ़ाई चढ़ते हैं सामने एक ऊँची चोटी है जिससे फिसलती बर्फ झील के दूर छोर पर पानी के एकदम समीप है। झील का पानी स्फटिक समान एकदम पारदर्शी। बहुत गहराई तक पानी में डूबे पत्थरों को मैं देख सकती हूँ।

“नहाओगी नहीं।” समरेश ने मेरे कन्धे पर हाथ रखकर कहा। धूप तेज़ हो गयी है। कुछ देर में नीचे जाना होगा। लुकला तक तीन-चार घंटे का रास्ता है। हवाई जहाज़ दोपहर को आता है। शायद आज न आये। शायद हवाई जहाज़ का रास्ता बादलों से भरा हो। शायद बरसात हो जाये। पर हमें तो समय पर पहुँचना होगा। झील के किनारे एक पत्थर से अपने उतारे कपडों को दबाकर मैं पानी में पैर डालती हूँ। एकदम बर्फीला पानी। स्वीमिंग कारूट्यूम नहीं है। कुछ भी नहीं पहना है मैंने। समरेश ने भी। हमें देखने को पेड़, पत्थर, और पहाड़ ही तो हैं। प्रकृति के इस विशाल एकान्त में। बर्फीले पानी से एकदम अपने पाँव निकालती हूँ मैं। किनारे पर।

बदन तेज़ धूप से जल रहा है और पाँव ठन्ड से सुन्न। झील के किनारे खड़ी रहती हूँ मैं। समरेश मेरे साथ है। सूरज अब सामने की चोटियों से बहुत ऊपर है। देखने की कोशिश करती हूँ पर रोशनी बहुत तेज़ है। समरेश की आँखें मुझ पर हैं। उसी शान्त भाव से। “बहुत सुन्दर हो तुम।” उसकी बाहों का आवाहन मुझे समेट लेता है। कपोलों को छूते हुए। कोई चुम्बन नहीं। कोई उत्तेजना नहीं। पर एक अपार शान्ति है इस निस्पृह आलिंगन में। उत्तेजना नहीं है पर आकांक्षा है। एक और स्तर की तृप्ति है।

“कैसे बोलती हो तुम।” विनय ने उस दिन कहा था। सचमुच मेरी आवाज़ में

तेज़ी थी। कटाक्ष था। असम्मान की भावना थी। समरेश से तो इसका सौंवा हिस्सा भी बोलने की कल्पना मैं नहीं कर सकती। एक ही मनुष्य विभिन्न मनुष्यों से कितने विभिन्न स्तरों पर पेश आता है, उनको कितने विभिन्न रूपों में देखता है। सच्चाई क्या है? उन मनुष्यों, उन व्यवहार स्तरों की सच्चाई क्या है? सच्चाई सिर्फ अपने मन की है और मन की सच्चाई उन संस्कारों की सच्चाई है जिनमें मैं पली हूँ। जिन्हें मेरी जीवन परिस्थितियों ने मुझे अनुभव करने दिया है। किसी और की सच्चाई, बिल्कुल ईमानदार सच्चाई, एमदम भिन्न हो सकती है, होती है। पर वह मेरी सच्चाई नहीं बन सकती। मुझे शान्ति नहीं दे सकती। झुक कर समरेश के पाँवों की धूलि लेने की कल्पना से मुझे शान्ति मिल सकती है। पर विनय के विषय में ऐसा कुछ कर सकने का प्रश्न ही असम्भव है। एक के संस्कार, उसका व्यक्तित्व, मेरे अपने संस्कारों के अनुरूप है, मुझ में आदर भावना जगाता है। और दूसरे का अनुभव, संस्कार-स्थल इससे कितना विपरीत है। आदर भावना के बिना मैं सुख और शान्ति कैसे पाऊँगी? प्रेम का इससे बड़ा तो कोई और स्वरूप नहीं है।

आज फिर नाव चला कर इस झील में हूँ। अब रोज़ आती हूँ। "आप एकदम एक्सपर्ट नाविक बन जायेंगी" मिस्टर डिसूज़ा मुझसे कहते हैं। सुबह उठकर गरम पानी से नहाती हूँ। डॉक्टर ने कहा था कि व्यायाम आवश्यक है। किताबें भी यही कहती है। डाईनिंग हॉल में ब्रेकफास्ट करने जाती हूँ। मिस्टर डिसूज़ा कई बार मेरी मेज़ पर आ जाते हैं और मुझसे बातें करते रहते हैं। फिर किताबें पढ़ती हूँ। कविताओं में आत्मविस्मृति के लिए कितना उपयुक्त वातावरण है। डायरी लिखती हूँ। जब बादल होते हैं तो नाव को झील के दूर सिरे पर ले जाती हूँ। धूप तेज़ होती है तो शाम का इन्तज़ार करती हूँ। गोधूलि बेला मेरा सबसे प्रिय समय है। नाव के दोनों चप्पू ऊपर खींचकर मैं नाव को झील के पानी की थपकियों में उतराती छोड़, लहरों की आवाज़ सुनती रहती हूँ। जब बादल होते हैं तो दिन की हल्की रोशनी में क्षितिज अंत पर एक ही रंग के आकाश और झील के पानी को एक-दूयरे में विलीन होता देखती हूँ। और तब मच्छपुछारे की ऊँची हिमाच्छादित चोटी का अपार अवैयक्तिक आध्यात्मिक तेज इस झील के समतल विस्तार की सहृदय शान्ति से समतुलित हो जाता है।

जीवन में आगे क्या होगा, मैं नहीं जानती। कौन जानता है? अकेली हूँ। पिछले कुछ महीनों से पहले भी अकेली ही थी। पर अब अकेली न रहना चाहूँ तो? इस झील के विस्तार में शान्ति है। क्या केवल इसलिए कि मैं कुछ ही दिनों के लिए यहाँ हूँ? क्या उस पहाड़ी घाटी में बहती नदी के किनारे वाले घर में रहना स्वप्न मात्र रह जायेगा? मिस्टर ड़िसूज़ा ने वापिस जाने की मेरी बुकिंग करा दी है। काठमाण्डू। दिल्ली। फिर शायद बम्बई। किसी बड़े शहर की अवैयक्तिकता में।

विनय को लिखना आसान होगा। पर समरेश! कुछ समझ नहीं पाती हूँ। सोचती हूँ तो मन भर आता है और समझ की पकड़ छूट जाती है। पर समय की पकड़, उसकी निरंतर गति से बदलती परिस्थितियाँ तो नहीं छूट सकतीं।

हवाई अड्डे पर भीड़ है। कहाँ से आ गये इतने लोग? पोखरा में तो कोई दिखाई ही नहीं देता था। पर झील के दूसरे किनारे, रंग-बिरंगी बत्तियों वाली दुकानों और भोजनलायों की ओर तो मैं नहीं गयी थी। उस चहल-पहल में अकेले जाने का कोई उत्साह और अर्थ नहीं था। मिस्टर डिसूज़ा मुझे छोड़ने आये हैं। पर जहाज़ देरी से आयेगा और उन्हें वापिस जाना है। इतनी अच्छी तरह होटल चलाना मेहनत का काम है। सामान बुक करने के बाद मैं उनके साथ बाहर खड़ी जीप तक वापिस आकर उनसे विदा लेती हूँ और फिर एअरपोर्ट बिल्डिंग में बैठ कर हवाई जहाज़ का इन्तज़ार करती हूँ।

मेरे सामने एक जापानी लड़की बैठी है। बीस, उन्नीस, इक्कीस के आसपास उम्र की होगी। लड़कियों का बदन कितनी जल्दी भर आता है। उदास है। चुपचाप है। अकेली है। सहसा उसके आँसू टपकने लगते हैं। फिर गालों पर आँसुओं की हल्की धारा है। निस्तब्ध बैठी है। बिना आँसू पोंछे। अकेली तो नेपाल नहीं आयी होगी। तो फिर अकेली क्यों वापिस जा रही है? कितना अकेलापन है संसार में। कितना दुःख है। और हम किसी का दुःख बाँट भी तो नहीं पाते। पर समय सब कुछ बाँट देता है। और फिर दुःख ही तो जीवन को मांजता है। हवाई जहाज़ की आवाज़ है। बढ़ती आवाज़ के साथ आकाश में उसका आकार बढ़ता जाता है। पर मैं तो दुःखी नहीं हूँ। केवल भावनाविह्वल हो जाती हूँ। कितना सुख मिला है मुझे उसे भूल जाती हूँ। मनुष्य का मन कितना लोभी है। सदा सुख पाने की अंतहीन तृष्णा नहीं छोड़ पाता। पर अब मैं सोच नहीं पाती कि भविष्य किस ओर ले जायेगा। यह तो दुःख नहीं है। पर मैं इसे कैसे स्वीकार कर पाऊँगी?

17

दिप्ति अचानक आयी और वे तीन दिन एक स्वप्निल स्मृति के रूप में अब समरेश के साथ रह गये हैं। सिंधिक डाकबंगले के चौकीदार ने दोपहर बाद आकर कहा कि मेम साहब ने सलाम भेजा है। दिप्ति का सिर्फ पाँच लाईन का एक पत्र था : "पिछली बाद सिंधिक रुकने के अधूरे वायदे को पूरा करने आयी हूँ। अब गंगटोक वापस नहीं जाऊँगी। कल तुम्हारे बताये पहाड़ी रास्ते से नेपाल जाना चाहती हूँ। क्षमाप्रार्थी हूँ कि पहले सूचित न कर सकी। अगर तुम साथ न चल सको तो रामदत्त या मनबहादुर के साथ चली जाऊँगी।" साथ भेजी थी दुर्गा की एक सुन्दर काँस-मूर्ति। रामदत्त के लिए उपहार स्वरूप।

बंगले के आखिरी सिरे का वही कमरा। शाम की आखिरी धूप खिड़की से कमरे में भर रही थी। लॉन के अंत में पत्थर की बेंच पर कंचनजंगा की स्वर्णिम आभा देखने में खोई दिप्ति। नीली साड़ी में दमकता गेहुआं वर्ण। सहसा फरक्का घाट पर देखी वह पहली छवि समरेश की आँखों में एक बार फिर झलक आयी। संतुलित आवाहन और स्वागत। चेहरे पर एक शान्त परिवर्तन। जैसे किसी दृढ़ निश्चय की गहराई मेन्शीथांग के उस आखिरी दिन के असमंजस को बहुत दूर छोड़ आयी हो। ओंठों से कुछ न कह केवल आँखों की गहराई और हाथों के स्पर्श में वह कैसा अनूठा सौन्दर्य था जिसकी सुगन्धित भावना उन तीनों दिन उन दोनों के साथ रही।

मनबहादुर सामान और घोड़ों के साथ सुबह सिंधिक आ जायेगा। सिंधिक से ऊपर जाने का सीधा रास्ता है। रामदत्त के प्रबन्ध में कोई कमी नहीं थी। उस रात रामदत्त राम ने युमथांग की तरह उनके साथ बैठकर खाना खाया।

"अब की बार छुट्टी जाने पर अपने घर के ओसारे में दुर्गा की मूर्ति स्थापित करूँगा। आप आना फूल चढ़ाने।" रामदत्त राम ने दिप्ति से कहा।

"आप बुलायेंगे तो मैं ज़रूर आऊँगी।" दिप्ति ने कहा।

"तो इस साल बरसात का वायदा रहा। मेरी घरवाली खुशी से चमक जायेगी। बिटिया के साथ मन्दिर जावे थी। अब आपकी लायी मूर्ति घर में रखेंगे।"

"बड़ी तेज़ है लामे की घोड़ी। सम्भाल के बैठना।" रामदत्त राम ने फिर कहा,

“म्हारे चाचा के पास ऐसी घोड़ी थी। बिटिया तेरह साल की थी तो घोड़ी से गिर पड़ी। दो महीने हल्दी की पुलटिस बाँधी उसकी माँ ने।”

“आप चिन्ता न करें मैं नहीं गिरूँगी। खूब दौड़ाऊँगी। मैने बहुत सवारी की है।” दिप्ति ने कहा।

रात एकदम अंधेरी थी। गलियारे के दूसरी ओर अपने कमरे से जब समरेश बाहर आया तो साफ आसमान में तारे टिमटिमा रहे थे। दिप्ति के कमरे में रोशनी नहीं थी पर दरवाजा खुला था। कमरे की खुली खिड़की से बाहर देखती दिप्ति की परिचित काया समरेश के आने की आहट सुनकर उसकी ओर बढ़ आयी। और फिर सुबह की पहली रोशनी तक एक प्रगाढ़ आलिंगन में बँधें उस सामीप्य में कितना सुख था। कितना भिन्न स्वरूप था इस रात का उस पहली रात से। वही शरीर। वही स्पर्श। वही शारीरिक उत्तेजना और सम्भोग का माधुर्य। पर एक गहनता थी अब उस सम्बन्ध में। उस पहली रात की संकुचित नूतनता भरे अन्वेषण के स्थान पर परिचित आत्मीयता का सहज सान्निध्य था। दिप्ति का मन व्यथित अभी भी है। पर बहुत भिन्न स्तर पर। वह कुछ नहीं कहती। केवल उस पाँच पंक्तियों के पत्र में लिखा था कि वह गंगटोक वापस नहीं जायेगी। “कुछ और नहीं कहोगी?” समरेश ने पूछा था। “जो कह सकती थी उसे बोले बिना कहने के लिए आज तुम्हारे पास आयी हूँ। कुछ और जब कह सकूँगी तब तुम मेरे पास आना।”

नेपाल जाते रास्ते के उन घने जंगलों में उसके समीप चलती दिप्ति का साथ समरेश ने कितनी गहराई से महसूस किया था। दिप्ति का सामीप्य सदा उसे एक शान्त गरिमा, सम्पूर्णता, और सार्थकता से भर देता है। इसमें उसके सौन्दर्य या व्यक्तित्व पर किसी अधिकार और स्वामित्व की भावना नहीं है। केवल उसके निस्पृह स्नेह की निष्ठापूर्ण प्रतिबद्धता है जो मन की गहराईयों को छू कर उसी स्वच्छ स्तर की भावनाओं को जन्म देती है।

विनय से लम्बी-चौड़ी कहा-सुनी हो गयी थी। अच्छा हुआ। वैसे भी किसी निश्चय पर पहुँचने का समय आ रहा था। दिप्ति ने बताया।

“विनय अपने कानूनी वैवाहिक अधिकार चाहता है। जानते हो उसका क्या अर्थ है? मैंने कहा यह तो बलात्कार है। और उसका गुस्सा बढ़ता गया। जिस आदमी का कभी किसी आध्यात्मिक ओर झुकाव न रहा हो, जिसने अपने मन की प्रतिक्रियाएँ समझने की कभी कोशिश न की हो तो आज के युग में जब सामान्य धर्मरीतियों पर से भी आस्था उठती जा रही है, वह बल प्रयोग के रास्ते पर ही चल सकता है। वह तब ही रुका जब उसकी समझ में आया कि बात घर की चार-दीवारी तक ही सीमित नहीं रहेगी और अपने राजनयिक जीवन में इस तरह की बदनामी के कुप्रभाव को वह सम्भाल नहीं सकेगा। अगले दिन उसे अचानक दिल्ली जाना पड़ा। मैंने अपना सब सामान भिजवा दिया है पर तुम्हें मिले बिना

नहीं जा सकती थी। किसी को कुछ ख़बर दिये बिना आयी हूँ और चुपचाप नेपाल के रास्ते चली जाऊँगी। मैं नहीं चाहती कि विनय लौट आने पर शोर-गुल मचाये, मुझे ढूँढ पाये। उसे कुछ समझा पाना मेरे लिए सम्भव नहीं है। केवल समय का बहाव और वास्तविक स्थिति का यथार्थ ही उसे समझा पायेगा।"

उन तीन दिनों में कितनी बार समरेश के मन में आया, उन पहाड़ी जंगलों में चलते हुए, लुकला से हवाई जहाज़ उड़ जाने के समय तक, कि दिप्ति से कहे कि उनका रास्ता कितना सरल और सीधा है। पर मनुष्य जीवन में सरलता कितनी दुर्लभ है। कोई अज्ञात भावना उसे रोके रही। उसे लगा कि उस स्तर का वार्तालाप उन अनूठे क्षणों के उपयुक्त नहीं है, उनकी अलौकिक कान्ति की विशिष्टता में नहीं उठाया जा सकता। मन की उलझनें तो तभी सुलझ पाती हैं जब मन सुलझने के लिए तैयार हो। अपने मन की उलझनों से पहला द्वन्द तो स्वयं ही जूझना होता है उस स्तर पर पहुँचने के लिये जब कि किसी और के दृष्टिकोण को सही तौर से समझा जा सके। इस दिशा में चलने की पहल तो अपने आप ही करनी होती है। दिप्ति के मानसिक द्वन्द को सहानुभूतिपूर्वक समझने पर भी समरेश अपने विचारों के अनुसार उस द्वन्द को दूर नहीं कर सकता। दिप्ति के जीवन क्रम, उसकी विचार प्रणाली की अपनी ही गति को स्वीकार करने के सिवा कोई और मार्ग नहीं था। कृत्रिम रूप से बलपूर्वक उसे गति देना, जिसके कितने ही रास्ते, कितने ही तर्क ढूँढे जा सकते हैं, ठीक नहीं था। जीवन गति शायद उन फलों और फूलों की तरह है जिन्हें कृत्रिम बीजों, खादों और अन्य सहायताओं से शीघ्र विकसित किया जा सकता है पर जिनकी सुगन्ध, जिनका स्वाद, उन फलों-फूलों से कहीं फीका रहता है जो अपने स्वाभाविक रूप में पलते हैं। अधैर्य, चाहे वह सुख पाने का ही अधैर्य हो, एक अस्थिर मनःस्थिति थी और वे दोनों तो अपने जीवन में स्थिरता ढूँढ रहे थे।

कितनी बार वह उक्ति एक लहर के समान समरेश के मन में दौड़ आयी थी 'ए फीबल हार्ट नेवर वन ए फयर लेडी।' पर 'फीबल'—अशक्त,—कमज़ोर शब्द को वह अपनी परिस्थिति के उपयुक्त नहीं मान सकता। असहृदय भावना से किसी को बलपूर्वक एक पूर्व निर्धारित दिशा में ले जाने के प्रयास में शक्ति नहीं है। दिप्ति एक आश्वासन ढूँढने, एक विश्वास पाने, अपने मन के असमंजस में उसके पास आयी थी। उस असमंजस को मिटाने का प्रयत्न समरेश केवल विश्वास और स्नेह भावना दिप्ति को देकर ही कर सकता है और 'वन'—विजय, जीत-का क्या अर्थ है? मनुष्य के आंतरिक संसार में, जिससे ही अंत में सारा बाह्य जीवन चलता है, भावना उद्वेग के कुछ क्षणों में किसी पर पायी विजय कितनी जल्दी हार में बदल जाती है। किसी अन्य प्राणी से मिले बाहरी सम्मान का अपने अंतर्मन में अपने व्यक्तित्व के लिये सम्मान के सम्मुख कितना कम महत्व है? और फिर उस बाहरी सम्मान को बनाये रखने के लिए भी तो अपने मन का अन्दरूनी सम्मान

आवश्यक है। जीवन की किसी भी परिस्थिति में विजय को हाथ से निकल जाने की सम्भावना को देखकर खेलने और हारने-जीतने के नियम तो नहीं बदले जाते।

लुकला से लौटे तीन दिन बीच चुके हैं। कहाँ होगी दिप्ति? समरेश को कुछ नहीं बताया था उसने। सिर्फ वही जो उस रात सिंधिक डाकबंगले में कहा थाः "कुछ और जब वह कह सकूँगी, तब तुम मेरे पास आना।" क्या अर्थ है इसका? विनय गंगटोक लौट आया होगा। दिप्ति को वहाँ न पाकर क्या करेगा? दिप्ति का सामान घर में न होने से स्पष्ट परिस्थिति को वह कैसे स्वीकार करेगा?

"मैंने घरवाली को लिख दिया है", रामदत्त ने मुझसे कहा- "सावन के तीसरे हफ्ते घर में मूर्ति स्थाने को। आप मेम साब को बता देना। उनके आये बिना मूर्ति न लगेगी।" समरेश उसे देखता रह जाता है। अपनी बेटी की यादगार पुनर्जीवित करने की मरीचिका में डूबा है। जैसे विनय अपनी विलुप्त पत्नी को पुनः प्राप्त कर सकने की मरीचिका में होगा। और समरेश अपनी सहस्यमयी प्रेमिका की स्मृतियों में खोया है।

अगले दिन सुबह अचानक गंगटोक से टेलीफोन था, जगन्नाथन का। आश्चर्यजनक सौभाग्य से एकदम साफ लाईनः "समरेश! हलो! हलो! थैंक गॉड आई फाउंड यू। विनय नार्थ रोड पर गया है। तुम्हारा कैम्प जायेगा। दिल्ली से लौटकर आया तो दिप्ति मिसिंग था। उसका सामान भी नहीं। विनय फिर दिल्ली गया उसको ढूँढने। बट शी वाज़ नॉट देयर। लौटकर रंगपो चेक पोस्ट पर रजिस्टर देखा। दिप्ति के सिक्किम से बाहर जाने का कोई ऐन्ट्री नहीं था। कल मालूम हुआ कि शी टुक ए प्राईवेट जीप टु नौर्थ सिक्किम। विनय सोचता है कि दिप्ति तुम्हारा साथ है।"

"लेकिन..." समरेश ने कहने की कोशिश की।

उसे बोलने का मौका न देकर जगन्नाथन कहते गये, "विनय मुझ को बोला कि बौर्डर रोड चीफ को मिलने हैडक्वार्टर जायेगा। अभी मिलिट्री पुलिस चेकपोस्ट से ख़बर मिला कि उसका जीप सीधा नार्थ सिक्किम गया है। आई थॉट आई विल वार्न यू। शी इज़ ए सच ए लवली गर्ल। गिव हर माई लव।"

"लेकिन दिप्ति यहाँ नहीं है।" समरेश ने कहा।

"हाईड हर वैल। गुड लक। एण्ड बी केयरफुल। विनय बहुत गुस्सा में है। पुअर चैप। द् बीस्ट हैज़ लॉस्ट हिज़ ब्यूटी।"

"लेकिन दिप्ति यहाँ नहीं है।" समरेश ने फिर कहा। पर टेलीफोन कट चुका था।

साढ़े ग्यारह बज रहे थे। कभी न कभी तो यह होना ही था। दो घंटे। शायद तीन। कितने बजे गंगटोक से चला होगा? आसमान बिल्कुल साफ था। कई दिन से बारिश नहीं हुई थी। सड़क ठीक होगी। विनय आवेश में है। पत्नी तो सम्पत्ति होती है। दिप्ति जैसी सम्पत्ति खोकर किसे गुस्सा नहीं आयेगा। मुलाकात की

अप्रियता में सन्देह नहीं था। समरेश ने सोचा कि उसके दफ्तर में मुठभेड़ अच्छी नहीं रहेगी। आवेश में आवाज़ ऊँची हो सकती है। कुछ भी हो सकता है। सिंधिक जाकर उसका इन्तज़ार करे? लेकिन विनय तो दिप्ति को ढूँढने आ रहा है। विनय को मिलने सिंधिक जाना अपनी सफाई देने का प्रयास लगेगा। और फिर सिंधिक से जुड़ी अपनी अविस्मरणीय भावनाओं को समरेश कलुषित नहीं करना चाहता था।

बारह बजे रामदत्त ने आकर कहा, "साब जी! क्वार्टर मास्टर स्टोर के वाउचर दो महीने से दस्तख़त नहीं हुए। रिक्वीज़ीशन और रिटर्न फार्म भी बाकी हैं। लंच के बाद दो घंटे में काम पूरा कर लें तो अच्छा हो।"

"रामदत्त साहब!" समरेश उठ खड़ा हुआ, "मेरा लंच ऊपर कमरे में भिजवा दें। आप जल्दी खाना खा लो और मेरे कमरे से ऊपर पेड़ों के पास धूप में मेज़-कुर्सी लगवा कर सब कागज़ ऊपर ले जाओ। वहाँ बिना किसी डिस्टर्बेन्स के काम जल्दी खत्म हो जायेगा।"

कैम्प से काफी ऊपर लगी मेज़-कुर्सियों से सड़क दूर तक दिखाई पड़ती थी। उन्हें अपना काम शुरू किये आधा घंटा ही हुआ होगा कि दूतावास की जीप नीचे कैम्प में समरेश के दफ्तर के सामने आ कर रुकी। विनय के साथ केवल एक ड्राईवर था। फिर लम्बे कदमों से ऊपर चढ़ता वह उनकी ओर आ रहा था। फाइलों से पीछे मेज़ के सिरे के पास बैठे रामदत्त राम की पीठ दूसरी ओर थी पर समरेश उसे ऊपर चढ़ता देखता रहा। उनसे कुछ नीचे, समरेश के कमरे के सामने, विनय एक मिनट के लिए ठिठका और फिर कमरे का दरवाज़ा खोल कर कई मिनट अन्दर रहा। शायद दोनों कमरों और गुसलखानों में दिप्ति या उसके किन्हीं चिन्हों को ढूँढ रहा था।

"राम दत्त साब, चाय का बन्दोबस्त करें," समरेश ने कहा, "गगंटोक से विनय साब आये हैं। जल्दी में हैं। उनके जाने के बाद बाकी काम पूरा करेगे।"

रामदत्त ने समरेश के चेहरे पर झलक आया तनाव देखा फिर कमरे से बाहर निकलकर ऊपर आते विनय का तमतमाया चेहरा। विनय ने नीचे उतरते रामदत्त राम के अभिवादन का कोई उत्तर नहीं दिया

"हैलो विनय!" समरेश ने कुर्सी से उठकर अपना हाथ उसकी ओर बढ़ाया। हाथ मिलाने की कोई चेष्ठा न कर वह रामदत्त राम के कुछ नीचे उतरने तक चुप रहा।

"दिप्ति कहाँ है?" सीधे समरेश की ओर देखकर उसने सख़्ती से कहा।

"यहाँ नहीं है। उसे ही ढूँढने मेरे कमरे से गये थे?" समरेश ने कहा।

"कहाँ छिपाकर रखा है उसे। विदेशी संस्कृति की इन बदज़ात औरतों को जितनी ढील दो उतना ही सिर पर चढ़ जाती हैं।"

समरेश को लगा कि जानबूझ कर विनय उसे उत्तेजित करना चाहता था, "विनय कैम्प में तुम मेरे मेहमान के तौर पर आये हो।" उसने कहा, "ऐसे अपशब्द बोलना तुम्हें शोभा नहीं देता।"

"तो मेरी बीबी के सम्मान की ज़िम्मेदारी तुमने उठा ली है। इसीलिए मेरे घर मेहमान बनकर आये थे?"

"बिना आमंत्रण मैं कभी कहीं नहीं गया। तुम बिना निमंत्रण आये हो। सभ्यता से बात करो तो अच्छा होगा।"

मेज़ के दूसरे सिरे पर फाइलों के पीछे रामदत्त की कुर्सी पर विनय कुछ क्षणों तक चुप बैठा रहा जैसे मन ही मन कुछ तोल रहा हो। "दिप्ति कहाँ है? एक सप्ताह पहले वह एक प्राईवेट टैक्सी में नार्थ सिक्किम आयी थी। टैक्सी का नम्बर मिलिट्री चेक पोस्ट में दर्ज है। टैक्सी आजकल दार्जिलिंग गयी हुई है इसलिए ड्राईवर से पूछताछ नहीं कर सका। कहाँ है दिप्ति?"

"विनय।" समरेश ने उसकी आँखों में सीधे देखते हुए कहा, "तुम दिप्ति को अच्छी तरह जानते हो। ज़ोर-ज़बर्दस्ती से कुछ नहीं होगा। दिप्ति यहाँ नहीं है। पर मैं तुम्हें इतना बता सकता हूँ कि जितने भी अरसे तुमने उसे जाना वह तुम्हारा सौभाग्य था। इस विवाह को बनाये रखने के लिए जो कुछ भी वह कर सकती थी वह उसने किया। तुम दोनों की दुनिया अलग अलग हैं। यह विवाह अब और नहीं चल सकेगा। इसे तोड़ देना ही तुम दोनों के हित में है।"

"और यह उपदेश मुझे तुमसे सुनना होगा? कहाँ है दिप्ति?"

"दिप्ति पर तुम बलपूर्वक अधिकार नहीं जमा सकते। अधिकार अर्जित किये जाते हैं, विचारधारा की समानता से, आपसी सम्मान से। क्या तुम नहीं देख सकते कि अपने आप में श्रेष्ठ होने पर भी तुम दोनों की विचारधाराएँ एक दूसरे से बिल्कुल भिन्न हैं? क्या इस सम्बन्ध से तुम सुख पा सकोगे? दिप्ति को सुख दे सकोगे? सिर्फ दुनियादारी के दिखावे और अपने अभिमान की कसौटी पर तुम उसका और अपना जीवन नष्ट कर दोगे?"

"और तुम्हारी विचारधारा उसके समान है। तुम उसे सुख दोगे? कहाँ छिपाया है दिप्ति को सुख देने के लिए?" विनय की आवाज़ की सख़्ती में एक फौलादी व्यंग्य था।

"विनय तुम गुस्से में हो। क्या तुम उसका अनिष्ट चाहते हो? अपना भी। वह मेरी मित्र है। और मित्रता की सीमाएँ उसने निर्धारित की हैं। उस पर मेरा कोई अधिकार नहीं है। पर क्या तुम समझते हो कि अगर मेरी उससे जान-पहचान न होती तो तुम्हारा आपसी जीवन सुखी होता? क्या तुम नहीं जानते कि दिप्ति कितनी दृढ़ निश्चयी है और उसकी इच्छा के बिना कोई उसे किसी ओर नहीं ले जा सकता? स्थिति की असलियत को तुम नज़रअन्दाज़ नहीं कर सकते। जिस दिखावे को तुम बनाये रखना चाहते हो वह नहीं चल सकेगा। यह रास्ता ग़लत है। कानूनी या किसी और दबाव से दिप्ति को तुम वापिस नहीं ले जा सकोगे।"

"और तुम ज़बर्दस्ती मेरी बीबी को अपने पास रख सकते हो?"

"बीबी कोई जायदाद या भेड़-बकरी नहीं है जिसे तुम या मैं ज़बर्दस्ती अपने कब्ज़े में रख सकें। तुम दिप्ति को इतना भी नहीं जानते?"

लेकिन अब विनय समरेश की बात नहीं सुन रहा था। मन ही मन जैसे किसी निश्चय पर आ गया हो।

"कहाँ है दिप्ति?"

"यहाँ नहीं है। सिक्किम में नहीं है। मैं नहीं जानता कि वह अब कहाँ है। अगर मैं जानता भी होता तो उसकी मर्ज़ी के ख़िलाफ मुम्हें नहीं बताता।"

"तुम झूठ बोल रहे हो। तुम्हारे कैम्प आने से पहले मैं लंच के लिए सिंधिक डाकबंगले पर रुका था। बंगले के रजिस्टर में सात दिन पहले दिप्ति का नाम दर्ज है। और तुम्हारा भी। चौकीदार ने बताया कि सुबह साहब मेम साहब घोड़ों पर सवार हो कर इकट्ठे कहीं गये थे। यह सच है या झूठ?"

समरेश के जवाब की अपेक्षा में वह कुछ क्षण चुप रहा। पर समरेश ने कुछ नहीं कहा।

"तुमने मेरी बीबी को फुसलाया। उस पर बलात्कार किया। और अब उसका अपहरण किये हो। सच या झूठ?"

समरेश चुप रहा।

"दिप्ति को ढूँढने, अपनी इज्ज़त बचाने, मैं पुलिस के पास नहीं जाऊँगा। दिप्ति का पता आज और अभी चलेगा।" फाइलों के पीछे मेज़ पर रखी अपनी कोहनियाँ अब उसने नीचे कर ली थीं। और फिर एक छोटी पिस्तौल की नली समरेश की ओर थी। "यह दिप्ति की पिस्तौल है। अपने साथ नहीं ले गयी। शायद इसलिए कि मैं इससे खुदकुशी कर लूँ। पर इसके और भी इस्तेमाल हो सकते हैं। कहाँ है दिप्ति?"

"समरेश! मैं दस तक गिनती करूँगा। उसके बाद या तो दिप्ति का पता चलेगा और या तुम रास्ते से हट जाओगे। मेरे मन में एक बूंद भी शुबहा नहीं है कि अपनी इज्ज़त बचाने का बिल्कुल ठीक रास्ता यही है।"

धीमी गति से, तीन या चार सेकेन्ड़ के फासले से, उसने गिनती शुरू की। समरेश को शक नहीं था कि विनय ने जो कहा था उसे पूरा करेगा। सिर्फ आधे मिनट में। उसकी गिनती छः तक पहुँची ही थी कि चाय की ट्रे लेकर आते मनबहादुर से आगे चलते रामदत्त राम ने पिस्तौल देखी और पूरी तेज़ी से समरेश की ओर दौड़ना शुरू किया। क्षण के लिए विनय की उधर गयी निगाह का मौका पाकर समरेश ने मेज़ को उलटा दिया और गिरती फाइलों के ढेर से टकरा कर पिस्तौल की नली एक ओर मुड़ गयी। कुर्सी से उठ लड़खड़ाते विनय के पीछे हटकर पिस्तौल चलाने से पहले रामदत्त राम उन दोनों के बीच में था और गोली के धक्के से क्षण भर के स्तंभित और फिर निश्चेष्ट। स्तब्ध विनय के हाथ से समरेश

ने पिस्तौल छीन ली। अपने काँपते हाथों से चाय की ट्रे गिरा कर मनबहादुर अपनी जगह खड़ा था।

"मनबहादुर अपना मुँह बन्द रखना," समरेश ने कहा, "मैं पिस्तौल साफ कर रहा था और अचानक गोली चल गयी। सबसे यही कहना।"

पिस्तौल की आवाज़ सुनकर भागते हुये ऊपर आये जवानों की मदद से रामदत्त राम को वे नीचे लाये। नब्ज़ ठीक थी पर होश नहीं था। छाती पर गोली का घाव था पर पीठ पर कुछ नहीं। गोली शरीर में ही होगी। हे भगवान! कहीं रीढ़ की हड्डी में तो नहीं फँस गयी? टेलीफोन लाईन भाग्यवश साफ थी। डॉक्टर मेन्शीथांग में मौजूद था। "रामदत्त राम को जल्दी यहाँ ले आइये।" डॉक्टर ने कहा, "मैं हैलीकॉप्टर मँगाने की कोशिश करूँगा। पर बौर्डर रोड का केस और फिर केवल एक ही मरीज़ आर्मी के लिए 'लो प्रायरटी' है।"

समरेश ने जगन्नाथन को फोन किया। दफ्तर में। फिर घर में।

"बैड न्यूज़" उसने कहा- "एन अनफारचुनेट एक्सीडेंट। ए बुलेट वून्ड।"

"ओह! माई गॉड! जगन्नाथन की आवाज़ आयी, "मैंने तुमको वार्न किया था। इज़ इट सीरियस?"

"क्वाइट सीरियस," समरेश ने कहा, "हमको मेन्शीथांग में हैलीकॉप्टर चाहिए। मस्ट रिमूव अरजेंटली टु बेस हास्पिटल।"

जगन्नाथन ने स्वाभाविक रूप से सोचा होगा कि विनय घायल हुआ है। "मैं अभी कोर कमाण्डर को फोन करता हूँ।" जगन्नाथन ने कहा।

रामदत्त राम के लिए हैलीकॉप्टर आये न आये, फर्स्ट सेक्रेटरी के लिए तो ज़रूर आयेगा। विनय के गंगटोक वापस पहुँचने से पहले हैलीकॉप्टर यहाँ पहुँच जाना चाहिए। समरेश ने टेलीफोन के तार काट दिये। उसकी अनुपस्थिति में फोन आने से जगन्नाथन को सही खबर मिल सकती थी।

डॉक्टर पिल्लै अपने हास्पिटल के कमरे में उसका इन्तज़ार कर रहा था। रामदत्त राम की नब्ज़ ठीक थी। शायद होश आ रहा था। "गोली छाती में रुक गयी है। आन्तरिक रक्त स्त्राव न हो रहा हो।" उसने समरेश से कहा।

"बेस हॉस्पिटल को हैलीकॉप्टर के लिए फोन किया था। दे वर ल्यूक वार्म। कहा है कल कोशिश करेंगे।" डॉक्टर ने कहा।

"डॉक्टर तुम रामदत्त राम को देखो। हैलीकॉप्टर थोड़ी देर में यहाँ पहुँच जायेगा। मैंने प्रबन्ध किया है।"

डॉक्टर को मैडिकल इंसपैक्शन रूम में छोड़कर समरेश जगन्नाथन को टेलीफोन करता रहा। पाँच बार कोशिश करने पर लाईन मिल गयी।

"कोर कमाण्डर के ए.डी.सी. का अभी फोन आया था। हैलीकॉप्टर पन्द्रह मिनट पहले चल चुका है।" जगन्नाथन ने कहा। "ओह! माई गॉड! व्हाट ए

स्कैंडल। यू फुलिश बौयेज़! मैं दिल्ली क्या ख़बर भेजूँ? दिप्ति कहाँ है?"

"योर ऐक्सेलेंसी!" समरेश ने कहा- "विनय शाम तक गंगटोक पहुँच जायेगा। उसे कुछ नहीं हुआ। उसने मुझ पर गोली चलायी पर मेरा एक आदमी बीच में आ गया जो घायल है। दिप्ति कई दिन पहले एक पहाड़ी रास्ते नेपाल चली गयी थी। मैं नहीं जानता कि अब कहाँ है।"

एक मिनट तक टेलीफोन शान्त रहा।

"यू स्काउंड्रल! तुमने मुझको ट्रिक किया हैलीकॉप्टर के लिए।" जगन्नाथन की आवाज़ में राहत आ गयी थी, "आई एक सो रिलीव्ड। कोर कमाण्डर को फिर फोन कर कहानी बदलनी पड़ेगी। दैट इज़ नॉट डिफिकल्ट। तुम्हारी आफिशियल रिपोर्ट क्या होगी?"

"ओह द् यूज़ुअल! मैं अपनी पिस्तौल साफ कर रहा था और एक्सीडेंटली गोली चल गयी। विनय का कोई ज़िक्र नहीं। मुझे गंगटोक आकर अपने चीफ को समझाना पड़ेगा। पिस्टल दिप्ति की थी। आप चीफ को इस कहानी के लिए ज़रा तैयार कर दें।"

"आई एम सो ग्लैड! आई एम सो ग्लैड! दैट यू आर सच ए सेंसिबल बौय। जितना जल्दी हो सके, कम एण्ड सी मी।"

डॉक्टर पिल्लै ने रामदत्त की जाँच कर उसे कुछ इन्जैक्शन दिये थे। वह अब पूरी तरह होश में था, "हार्ट पर कोई असर नहीं है। गोली शायद फेफड़ों में रुक गयी है। रीढ़ की हड्डी में होती तो अब तक कुछ काम्पलिकेशन सैट हो जाता।"

समरेश रामदत्त के पास मैडिकल इंसपैक्शन रूम में गया। वह पूरे होश में था, "कोई ख़तरे की बात नहीं है साब! डॉक्टर साहब कहते हैं कि आप जल्दी बिल्कुल ठीक हो जायेंगे। हैलीकॉप्टर आ रहा है। डॉक्टर आपके साथ जायेंगे।" समरेश ने कहा, "रामदत्त साब! हमारी कहानी है कि मैं अपनी पिस्तौल साफ कर रहा था और धोखे से गोली चल गयी। विनय साहब का कोई ज़िक्र नहीं।"

रामदत्त राम ने उसकी ओर देखा, "आप जो बोलो वही ठीक है।"

"याद है न रामदत्त साब! सावन के महीने में आपके गाँव चलना है।"

रामदत्त के चेहरे पर एक क्षीण मुस्कुराहट खिल आयी। "मेम साब के हाथ से मूर्ति लगेगा।" उसने कहा।

हैलीकॉप्टर घाटी में उतर रहा था। दो जवान स्ट्रेचर में रामदत्त को हैलीपैड की तरफ ले जा रहे थे। उनसे कुछ पीछे, डॉक्टर समरेश के साथ चल रहा था। "डॉक्टर, रामदत्त की पूरी देखभाल करना। मेरा बहुत अज़ीज़ है। और इस साल सावन में दिप्ति ने इसके गाँव जाने का वायदा किया है।"

डॉक्टर एक क्षण चुप रहा। "कहाँ हैं दिप्ति?" उसने पूछा।

"सिक्किम में नहीं हैं।" समरेश ने कहा, "पता नहीं कब आयेंगी।"

"दिप्ति को घुड़सवारी नहीं करनी चाहिए।" डॉक्टर धीरे से बोला- "तेज़ घुड़सवारी से गर्भपात हो सकता है।"

समरेश अपनी जगह पर रुक गया। सड़क से नीचे फैले फुटबाल मैदान की हरियाली सहसा एक गहरे अंधेरे और शूयता से भर गयी। जैसे मस्तिष्क से सब रक्त निचुड़ गया हो।

"तुमने मुझे पहले क्यों नहीं बताया?"

डाक्टर ने उसकी ओर देखा। स्ट्रेचर ले जाते जवान अब उनसे काफी आगे थे। फिर उसने कहा, "पिछली बार जब आई थीं और बीमार थीं तो उन्हें सन्देह था। मैंने परीक्षण कर कन्फर्म किया। परेशान थीं। मुझसे वायदा कराया कि जब तक वे सिक्किम से न चली जायें मैं किसी को न बताऊँ।" डॉक्टर कहता गया, "परेशान थीं। दोपहर बाद बुखार के बावजूद मुझसे अबार्शन के बारे में पूछने मैडिकल इंस्पैक्शन रूम तक पैदल चल कर आयीं। लेकिन ग़ैरकानूनी होने के अलावा यहाँ वह कैसे सम्भव था। और फिर उनका मन डांवाडोल था। मैंने तब भी उनसे कहा था कि..."

हैलीकॉप्टर के पंखों की हवा मैदान को हिला रही थी। काँपती, तेज़ लहराती, घास जैसे उखड़ ही जायेगी। इंजन के शोर की गहराई में डॉक्टर की आवाज़ दूर हटती गयी। और कुछ सुन सकना समरेश के लिए सम्भव नहीं था।

18

उस रात अप्रत्याशित रूप से बहुत बारिश हुई। तिरपाल पर पड़ती वर्षा की तेज़ बौछारें सारी रात समरेश के कमरे को अपनी गहरी गूँज से भरती रहीं। वह सो नहीं सका। पेट्रोमैक्स की रोशनी में पुराने अखबारों की अर्थहीन खबरें पढ़ता रहा। वर्षा की फुहारों की लय के साथ उमड़ आयी स्मृति लहरों से जूझते हुए। मन में उभरते चित्रों की अधूरी रेखाओं का अर्थ बीते दिनों के अर्धवाक्यों, शब्दों, संकेतों में ढूँढते हुए।

सुबह धूप निकल आयी। कमरे से बाहर सामने के पहाड़ की चोटी पर प्रातः सूर्य की किरणों से प्रतिभासित गोम्पा को वह देखता रहा। फिर ऊपर की ओर जाती पगडंडी पर चल पड़ा। रात भर की बरसात के बाद झाड़ियाँ और पेड़ एकदम साफ धुले थे। उनकी हरियाली में एक मख़मली ताज़गी थी। झाड़ियों की पत्तियों में हल्के पीलेपन से गहरी हरियाली तक के रंगों की विविधता को वह देखता रहा। सारी रात न सोने और फिर तेज़ धूप में पैदल उस सीधी चढ़ाई पर चलने से ऊपर मैदान तक पहुँचते-पहुँचते वह काफी थक गया। मैदान उन्हीं लाल-पीले फूलों से भरा था। वह जंगली स्ट्राबेरी ढूँढता रहा। धूप में वही तेज़ी थी। स्ट्राबेरी में वही स्वाद। और फिर उस पूर्व-स्मृति के स्थान को मैदान के विस्तार में खोजने के असफल, अर्थहीन, प्रयास के बाद वह एक देवदार की छाया में लेट गया। मन की भटकन रोकने के लिए बन्द आँखों के सामने फिर से झलक आये लाल-पीले फूलों के मैदान में बिखरे स्ट्राबेरी के दाने गिनता रहा।

आसमान में चढ़ते सूरज की धूप जब उसके चेहरे पर आयी तो बारह बज रहे थे। थकान की गहरी नींद के बाद की ताज़गी में उन फूलों भरे मैदान ने सहसा एक बार फिर उसे अपने निश्चल सौन्दर्य की अपार शान्ति से भर दिया। मन एक निस्पंद विचारहीन निस्पृहता से ओत प्रोत हो गया। भूत और भविष्य के अर्थहीन भार से विमुक्त, वर्तमान के सरल आह्लाद में। फिर जागृत जीवन के विस्तार के साथ मन की बढ़ती गतिविधियों के मध्य, स्मृति रेखाएँ फिर से उभरने लगीं। उस दिन बारह बजे ही तो उन्होंने मनबहादुर को दोनों घोड़ों के साथ नीचे भेजा था। उन चलचित्रों की मरीचिका में दिप्ति पुनः उस मैदान में उसके साथ थी। उस विस्तृत मैदान में खिले असंख्य फूलों से दूर, अतीत के चित्र उसके मन में उभरते

गये। और फिर से उसी सुख की आकांक्षा उस पूर्व स्मृति की स्वच्छंद मुक्तिदायक स्फूर्ति के स्थान पर वर्तमान को एक विषादमयी वेदना के भार से दबाती गयी। देवदार के उन विशाल वृक्षों का सौन्दर्य जैसे लुप्त हो गया हो। उस विस्तृत मैदान के फूलों ने अपना चमत्कारिक रूप मानों खो दिया हो। उसका विषाद ग्रस्त हृदय जैसे उस अवसाद भावना के उद्वेग से फट जायेगा।

समरेश नहीं जान पाया कि अतीत और वर्तमान के अपने अनुभव को एक स्वच्छ वास्तविक सच्चाई से देख सकने की क्षमता सहसा कैसे उसमें आयी। शायद उन चलचित्रों ने अचानक मन के किसी गूढ़ अनजान स्तर को छू लिया था। यह शिथिल भावना तो उस स्वर्गीय अनुभव का भाग नहीं है। वह कैसे इस अवसाद को उस ज्वलन्त सौन्दर्य से जोड़ सकता है। उस सम्बन्ध, उस अनुभव, उन क्षणों की चिरस्थायी पवित्रता को वह कलुषित नहीं कर सकता। दिप्ति ने उसे सन्तुलन दिया, साहस दिया, विश्वास की एक अनुपम रेखा बाँधी। जो कुछ भी हो, जहाँ कहीं भी वह हो, वह रेखा उसके साथ है, अटूट है, उस संतृप्ति की छाप है जो सदा उसके साथ रहेगी।

अगले दिन सुबह सिलीगुड़ी के पास बेस हास्पिटल में रामदत्त राम को देखने जाने का प्रोग्राम था। जीप में सिलीगुड़ी जाते समय हास्पिटल से लौटते डॉक्टर से रास्ते में मुलाकात हो गयी। महीने भर में रामदत्त राम बिल्कुल ठीक हो जायेगा।

"लेकिन", रामदत्त की पूरी हालत का बयान करने के बाद हिचकिचाते स्वर में डॉक्टर ने कहा, "वह गोली सर्विस रिवाल्वर की नहीं है। मैं अपनी रिपोर्ट में क्या लिखूँ? बेस हॉस्पिटल वालों को भी तो रिपोर्ट लिखनी होगी।"

"चिन्ता नहीं करो डॉक्टर!" समरेश ने कहा, "मैं चीफ से बात करने गंगटोक जा रहा हूँ। विनय भी वहीं हैं। सब ठीक हो जायेगा। लौटकर तुम्हें समझा दूँगा।"

डॉक्टर से और कुछ बातें करना समरेश के लिए सम्भव नहीं था। शायद अब उसका कुछ अर्थ भी नहीं था। दिप्ति लौटकर सिक्किम कभी नहीं आयेगी। जिस स्तर से आगे उसने स्वयं कुछ न कहना चाहा, उससे आगे बढ़ना का उसे कोई अख़्तियार नहीं था।

डॉक्टर कुछ देर तक चुप रहा। उसकी आँखों में बहुत सवाल झलक रहे थे। "दिप्ति कैसी हैं?" उसने कहा।

"डॉक्टर!" समरेश ने उसके कन्धे पर हाथ रखकर कहा, "मैं तुम्हारा आभारी हूँ। रामदत्त राम के लिए। और दिप्ति के लिए भी। तुमने जो कुछ भी सलाह दिप्ति को दी होगी, वह उसके लिये अच्छी होगी, इसमें मुझे सन्देह नहीं है।"

जगन्नाथन ने चीफ से बात कर ली थी। मामला रफादफा हो चुका था। बेस हास्पिटल को हिदायत पहुँच गयी होगी और चीफ ने मेजर सदाशिव से टेलीफ़ोन पर बात कर ली थी कि डॉक्टर ठीक रिपोर्ट लिख दे। ख़ास सवाल रामदत्त राम का था। व्यक्तिगत झगड़े के दौरान लगी किसी चोट का उत्तरदायित्व सरकार नहीं उठा

सकती। पर युद्धकालीन क्षेत्र में ड्यूटी पर घायल होने की स्थिति में तनख़्वाह और अन्य सुविधाओं का पूरा लाभ रामदत्त राम को मिल सकेगा।

"हाल ही में ऐसा एक केस हुआ था।" जगन्नाथन ने कहा, "कोर कमाण्डर हम को बोला कि आर्टिलरी बिग्रेड का दो अफसर अपना मेस में पर्सनल झगड़ा किया। रिवाल्वर का गोली चला। एक का बैक बोन टूट कर कमर से नीचे पूरा पैरेलिसिस। असली केस रिकार्ड करना से एक का कोर्ट मार्शल होता और दूसरा को ज़ीरो बेनिफिट। वॉर टाईम आपरेशन इंजरी लिखना से उस अफसर को ज़िन्दगी भर अपना पूरा नारमल सैलरी पेन्शन के तौर पर मिलेगा। फौज का अफसर अपना लोग का वेलफेयर अच्छा से देखता है।"

"विनय कहाँ है।" समरेश ने पूछा।

"तुम्हारा झगड़ा अभी पूरा नहीं हुआ?" जगन्नाथन ने कहा, "तुमने उसका वाईफ चोरी किया। एण्ड यू सक्सीडेड। उसने तुमको गोली मारा। एण्ड ही फेल्ड। हिज़ बैड लक। दोनों का हिसाब बराबर, क्विट्स।"

"पर दिप्ति मेरे पास नहीं है। मैं नहीं जानता वह कहाँ है। शायद विनय को कुछ ख़बर हो।" समरेश ने कहा।

"इफ यू लूज़ हर, यू आर ए फूल। विल नैवर फाइंड ए लवलीयर वोमन। आई एम सो जैलस आफ यू।" जगन्नाथन ने कहा। और हल्के स्वर में, "विनय घबराया हुआ है। मैंने उसको एक्सीडेंट का कवर-अप नहीं बताया। कल विनय बोला दिप्ति का चिट्ठी आया है। काठमाण्डू से। शी वांट्स ए डाईवोर्स। विनय गंगटोक से ट्रान्सफर माँगता है।"

दूतावास से नीचे उतरती सड़क पर समरेश दिप्ति के घर के पास जीप खड़ी करने से अपने को न रोक सका। घर के सामने वाले लॉन को वह देखता रहा जहाँ से सामने की पहाड़ी पर स्थित रुमटेक गोम्पा साफ दिखाई पड़ता था। जहाँ शाम की पहाड़ी धूप में दिप्ति बैठी थी जब पहली बार वह उसके घर आया था। बरामदे के साथ वाला वह कमरा जहाँ वह कितनी बार रहा था। जहाँ नाथू ला से देर रात को लौटने पर पहली बार उसने दिप्ति के स्नेह का माधुर्य अपने मन की गहराईयों में फैलता अनुभव किया था। "तेज़ घुड़सवारी से गर्भपात हो सकता है।" डॉक्टर ने कहा था। पर दिप्ति ने कुछ नहीं कहा था। उन तीन दिनों में। लुकला की ओर जाते उस स्वप्निल वन प्रदेश की पगडंडियों के रास्ते में। उसने कुछ भी नहीं कहा। कितनी बार अपनी घोड़ी को दौड़ाने की उत्कण्ठा। और फिर रुक जाती थी। और वह सोचता था कि उसका घोड़ा नहीं दौड़ सकेगा इसलिए। सुबह की तेज़ धूप में उस बर्फीली झील के किनारे। वह कैसे जान सकता था। एक पूरे नये जीवन के आरम्भ का चिन्ह मात्र भी नहीं। वह कैसे जान सकता था। वह देख नहीं सकता था। शरीर उसके सामने था। उसके साथ था। उसके स्पर्श में था। देखा तो मन से

जाता है। आँखें तो यंत्र मात्र हैं। इस घर की दीवारें उसके सामने हैं। वह दीवारों को तो नहीं देख रहा। जो वह देख रहा है, जो अब भी है, ये धुंधली दीवारें तो केवल उसकी साक्षी हैं। एक अर्थहीन, यथार्थहीन, प्रेतात्मा मात्र। यथार्थ तो उस भावना का है जो इन दीवारों के किनारे, इनके पीछे, ऊपर, सामने, इनके भीतर है।

घर से ऊपर वाले गोम्पा के घड़ियाल की गहरी आवाज़ गूँज रही है। धम्म! धम्म! धम्म! ड्राईवर ने जीप स्टार्ट कर दी है। ग्रीन होटल। गंगटोक बाज़ार। फिर ऊपर चढ़ती सड़क। सड़क के किनारे अपनी गाड़ियाँ साफ करते अनगिनत फौजी ट्रकों के ड्राईवर। बौर्डर रोड हैडक्वार्टर की पहाड़ी। मिलिट्री पुलिस का चेक पोस्ट। गंगटोक शहर को आखिरी बार देख सकने वाला पेनांग ला का ऊँचा मोड़। और फिर ऊँचे उत्तरी पहाड़ों की अनन्त श्रृंखलाओं की ओर भागती जीप। शाम घिर आयी है। अब वह सिंधिक डाकबंगले पर रुक सकता है। उस कमरे में जा सकता है। कमरे की खिड़की के पास उस रात की उज्जवल चाँदनी में भीगे पलंग पर बैठ सकता है। लॉन के आखिर में बिछी पत्थर की बेंच पर बैठकर वह कंचनजंगा के गुलाबी शिखरों को शाम की आखिरी रोशनी मे विलीन होता देखता है। आज के दिन से विरूद्ध दिशा में यात्रा किये उस दिन को वह देखता है जब गंगटोक वापस पहुँकर अपने घर की चार-दीवारी में जीप रुकने पर दिप्ति ने उसे कलिम्पोंग आने को आमंत्रित किया था।

रामदत्त राम को अभी कई सप्ताह बेस हास्पिटल में रहना होगा। उसके घर ख़बर भेजनी है। पर खुद उसे मिले-देखे बिना समरेश ख़बर नहीं भेजना चाहता। निसान जीप के ब्रेक ठीक नहीं थे। सस्पेंशन स्प्रिंग भी टूट गये थे। सरवन सिंह जीप को कई दिन से रोज़ वर्कशाप ले जाता रहा। पर वर्कशाप में स्पेयर पार्ट नहीं मिलते। तंग आकर सरवन सिंह ने सस्पेंशन की झलाई कराई। ब्रेक की काम चलाऊ मरम्मत वर्कशाप के मिस्त्रियों के साथ मिलकर की। और तब वे रामदत्त राम को देखने सिलीगुड़ी के बेस हास्पिटल जा सके। रामदत्त राम अब बिल्कुल ठीक है। उनके यूनिट के कितने लोगों ने उसे चिट्ठियाँ भेजी हैं। खुश है। उसकी देखभाल करने वाले डॉक्टर कहते हैं कि दो-तीन हफ्ते में हास्पिटल छोड़ सकेगा। रामदत्त राम नहीं चाहता कि उसके घर कोई ख़बर भेजी जाये। "तुम्हारी घरवाली जब घाव देखेगी तो क्या कहेगी?" समरेश पूछता है। "फौज की नौकरी में तो चोट-चपेट लगती ही रहे है।" रामदत्त राम कहता है।

सिलीगुड़ी से फरक्का घाट बहुत दूर नहीं है। सरवन सिंह और मनबहादुर को सिलीगुड़ी छोड़कर समरेश ट्रेन से अकेले फरक्का घाट जाता है। कम्पार्टमेंट खाली है। बिल्कुल अकेला होना उसे अच्छा लगता है। रेल की पटरी पर दौड़ते पहियों की तालबद्ध गड़गड़ाहट की बदलती लयों को वह सुनता रहता है। खिड़की से बाहर, पीछे दौड़ते खेतों की अंतहीन हरियाली है। दोपहर बाद भागीरथी के विशाल

पाट में प्रतिबिम्बित नीले आसमान को वह देखता है। नदी की नीलिमा के परोक्ष में ताज़ा सफेद रंगा स्टीमर चमक रहा है। समरेश को अच्छा लगता है। बिना पेन्ट और वार्निश की साफ लकड़ी के तंतुओं की लम्बी लकीरें उसे अच्छी लगती हैं। डेक पर दूर तक फैली बेंचों को वह देखता है। आज कितने कम आदमी हैं।

लौटती बार तक शाम घिर आयी है। आज आसमान साफ है। शायद बहुत दिनों से बारिश नहीं हुई। कच्चे प्लेटफार्म पर आज दलदल नहीं है। मिट्टी सख़्त है। धूल नहीं उड़ रही। आसमान में बिजली चमकने का कोई प्रश्न नहीं है। कम्पार्टमेंट के घिरते अंधेरे में एक फौजी अफसर उसके साथ है। समरेश चुप रहता है। किसी से बात करने का मन नहीं है। सिलीगुड़ी तक फैले उस विस्तृत सपाट मैदान को वह चुपचाप देखते रहना चाहता है। सिलीगुड़ी से आगे जाती सिहोक रोड तीस्ता घाटी की पहाड़ियों में ऊपर चढ़ती है। वह एक दूसरा संसार है। यहाँ से एक स्वप्न जैसा। पर शायद अब वहाँ जा कर भी स्वप्न ही लगे।

सिलीगुड़ी ट्रांज़िट कैम्प के तम्बू में रात भर समरेश सो नहीं पाया। सुबह मनबहादुर और सरवन सिंह उसके चेहरे पर न जाने क्या देखते हैं। चुप रहते हैं। फिर मनबहादुर कहता है, "साब को कैम्प वापस जाना ठीक होगा।" दिन भर की जीप यात्रा। पर पहाड़ों की यात्रा जो उसे प्रिय है। वह चलती जीप में सो जाता है। सरवन सिंह अच्छा ड्राईवर है। गड्ढों को बचा कर गाड़ी चलाता है। फिर भी शाम तक कैम्प पहुँचा देगा।

तीन दिन की डाक समरेश की मेज़ पर लगी है। उसकी व्यक्तिगत चिट्ठियाँ हैडक्लर्क नहीं खोलता। क्षण भर के लिए उसकी साँस रुक जाती है। एक पत्र है। वही सफेद लिफाफा। कितना परिचित। वही हस्तलिपि। काठमाण्डू का पोस्टमार्क है। हे भगवान! सत्रह दिन पहले का पोस्ट मार्क! कहाँ रहा यह पत्र इतने दिन? दिप्ति ने कम्पनी का नम्बर ग़लत लिखा था। 807 कन्सट्रक्शन कम्पनी के ओ. सी.तो रामन है। अलगोरा लाभा की कच्ची, ज़रा सी बरसात से बह जाती, सड़क पर सदा बारिश और धुन्ध से भरे कैम्प से यह पत्र घूमकर आया है। शुक्र है आ तो गया। खो भी तो सकता था। हाथ में उठाये उस लिफाफे को फिर धीमे धीमे हृदय गति शान्त होने तक समरेश ने नहीं खोला।

"समरेश,

नाम लिखती हूँ तो प्रतिक्रियावश ओंठ तुम्हारा नाम पुकारे बिना नहीं रह पाते। उन्हीं स्वरों में जिनमें सिंधिक बंगले की उस रात मैंने पहली बार नाम लेकर तुम्हें पुकारा था। सुनने के लिए तुम पास नहीं हो। पर यह काग़ज तुम्हें छू सकेगा। मन करता है कि इस पूरे पत्र पर सिर्फ तुम्हारा नाम लिखती जाऊँ। हृदय में कितना कम्पन था उस रात। कितना साहस जोड़कर मैं तुम्हारे पास आयी थी। आज भी वही कम्पन मेरे साथ है। उसी साहस को मैं ढूँढ़ रही हूँ।

मुझे गर्भ है। तुम्हारा, शायद विनय का। और कुछ नहीं कह सकूँगी। मेरा तो वह अंश ही है। कितने वर्षों से सोचा था कि यह कितना सुखद समय होगा। कितना प्यार और उल्लास मेरे साथ होगा। अब अकेली हूँ। जीवन संयोग ही तो है। संयोग से ही तुम मुझे मिले। और संयोग ही से तो अब यहाँ हूँ। सुख और दुःख की दुविधा में। अपने मन के संशय में। कुछ दिन के लिए पोखरा जा रही हूँ। फिर दिल्ली। और फिर जहाँ कहीं भी परिस्थितियाँ ले जायें। मैने कितनी लगन से जीवन में स्थिरता ढूँढी थी। और अब सब कुछ अस्थिर है।

मैं अपने इस अंश त्याग दूँ? लेकिन शायद वह तुम्हारा अंश हो मेरे भीतर जिसकी मुझे कितनी कामना है। तुमने कहा था कि संसार का यथार्थ केवल भावना में है। केवल हमारी चेतना में है। कहाँ है तुम्हारी क्वांटम फिज़िक्स, वह बौद्ध-दर्शन, जो अपनी चेतनता से मेरी इन स्वचालित शारीरिक प्रतिक्रियाओं को बदल दे?

विनय को मैं छोड़ चुकी हूँ। आज उसे पत्र लिख दिया है। वह मुझे रोक नहीं सकेगा। कभी भी नहीं रोक सकता था। रुकते तो हम सदा अपने मन से हैं। अपना ही मन सबसे बड़ी बाधा है। विनय अब मेरे जीवन में नहीं है। पर उसका अंश मेरे साथ हो तो? उस अंश को मैं कैसे सम्भाल सकूँगी? तुमसे नहीं जोड़ पाऊँगी। पर वह मेरा भी तो अंश है। मैं उसे महसूस कर सकती हूँ। कभी सुख से, कभी दुःख से, कभी संशय से। अब वह मेरे साथ है। मेरे साथ रहेगा अगर में अपनी इच्छा से उसे न त्याग दूँ। डाक्टर ने कहा था अभी समय है। मैं सोच सकती हूँ। पर सोचना क्या इतना सरल है?

एक तीसरे जीवन से जुड़ जाने को मैं तुमसे नहीं कह सकती। उस पूरे समय कुछ न कह सकी जब तुम्हारे साथ थी। कुछ बातें कही नहीं जा सकतीं। कुछ अनुरोध, कुछ परिस्थितियाँ, कितना भी मृदुल आग्रह हो, किसी पर थोपी नहीं जा सकतीं। परिस्थितियों से उठे प्रश्नों का उत्तर अंत में अपना आंतरिक ही तो होता है। पहले तुमसे कुछ न कह सकी। अनुरोध तो आज भी नहीं कर रही हूँ।

तुम मित्र हो। तुम्हीं ने तो कहा कि श्रेष्टतम सम्बन्ध मित्रता का है चाहे सामाजिक या कानूनी सम्बन्ध कुछ भी हो। और मित्रता की भावना स्वतंत्रता में है। बिना किसी परिस्थिति या समय के दबाव की स्वतंत्रता में। शायद तुम्हें ऐसी ही स्वतंत्रता देने के लिए पहले तुमसे कुछ न कह सकी। और ऐसी ही स्वतंत्रता मैं अपने लिए चाहती हूँ। विनय के साथ का जीवन, उसमें की भूलें, अब मैं पीछे छोड़ आयी हूँ। अब मैं जीवन परास्त नहीं होऊँगी। उस अवसाद की शिथिलता में अब मैं कभी नहीं भटकूँगी जिसमें तुमने मुझे उन पहले दिनों में पाया था। तुम्हारी मित्रता से यह शक्ति मैंने पायी है। तुम्हारे स्नेह, सम्पर्क और विश्वास की यह धरोहर है जिसे मैं कभी कलुषित नहीं करूँगी। क्योंकि तुम्हारी यह साझेदारी हमेशा मेरे साथ रहेगी।

सात दिन के बाद मैं दिल्ली जाऊँगी। एक पुरानी सॉलिसिटर फर्म के वकील हैं जो मेरी पैतृक सम्पत्ति की देखभाल करते रहे हैं। उन्हीं से मैं कहूँगी कि विनय से पत्र-व्यवहार कर सम्बन्ध विच्छेद की कानूनी कार्यवाही पूरी करें। विनय से मिलना या पत्रों द्वारा सीधा सम्पर्क बनाना अब मेरे लिए सम्भव नहीं है। नया जीवन शुरू करने के लिए पुरानी परिस्थितियों से सम्बन्ध पूर्ण रूप से भंग करना ही ठीक है। सात दिन दिल्ली रहूँगी। क्लैरिज होटल में।

बचपन से सुना है, पढ़ा है कि प्रेम जीवन का मूल है। पर इसका क्या अर्थ है? सबसे पहले और सबसे ज़्यादा तो हम सब अपने आप को प्रेम करते हैं। यदि प्रेम संसार का मूल होता तो संसार सुख से भरा होता। पर प्रेम की ऐसी परिभाषा हमारी सहायता नहीं करती। मुक्ति प्रेम माँगने में नहीं देने में है, किसी और को सुखी बनाने की भावना में है। पर हम अपने आपको छोड़ नहीं पाते। प्रेम की लालसा, प्रेम का लोभ, हमें कमजोर बनाता है। हमें जो मिलता है उसका स्वाद हमारी आकांक्षाओं और अपेक्षाओं को और बढ़ाता है। इसमें सुरक्षा नहीं है। न मानसिक। न भौतिक। न ही इसमें शक्ति है। और शक्ति के बिना प्रेम का कोई अर्थ नहीं है।

अगर तुम आ सको, आना चाहो, तो दिल्ली आना। पर भावनाविह्वल होकर दुर्बलता के कुछ क्षणों में अपने अनुरोध के बन्धन में तुम्हें मैं नहीं बाँध सकती। स्वयं भी नहीं बँधना चाहती। अंत में हर व्यक्ति का सत्य तो वही है जिसकी ओर उसका अपना अनुभव, उसका अंतर्मन, उसके सामूहिक और व्यक्तिगत अचेतन की प्रेरणा, उसे खींचकर ले जाती है। करुणा मिश्रित सद्भावना उस अंतरतम भावना को नहीं मिटा पाती चाहे कितनी भी दृढ़ता से हम अपने को चलायें। और सबसे अधिक तो तुम्ही इसे स्वीकार करोगे।

—दिप्ति

क्लैरिज होटेल के मैनेजर का चेहरा समरेश भूल नहीं सकता। अपने दफ्तर में ज़बर्दस्ती घुस आये, बिना शेव किये, दो दिन यात्रा के मुड़े-तुड़े कपड़े पहने, आदमी से उसका वैसा बर्ताव अपेक्षित ही था। पर जो अब, बहुत दिन बाद, अपेक्षित रूप में समझा और स्वीकार किया जा सकता है, उस दिन शिराओं में रक्त प्रवाह को कितना तेज़ कर गया था। शायद एक दो मिनट भी अगर वह वहाँ और रूकता तो पुलिस की सुपुर्दगी में ही होटेल से बाहर निकल पाता। मैंनेजर के कोट के दोनों कालर पकड़कर समरेश ने उसे कुर्सी से उठा कर झकझोर डाला था।

दिप्ति एक दिन पहले चली गयी थी और होटेल वाले उसे नहीं बतायेंगे कि वह कहाँ गयी है क्योंकि वह ख़ासतौर पर कह गयी थी कि किसी को नहीं बताया जाये। कल सुबह जब वह ट्रेन में दिप्ति का पत्र दुबारा पढ़ रहा था तब दिप्ति का सामान होटेल से बाहर जा रहा था। दिप्ति ने सात दिन कहा था। फिर तीन दिन,

फिर दो दिन और इन्तज़ार किया। कितनी देर और करती। सिर्फ एक दिन और!

जीप का ब्रेक एकदम काम नहीं कर रहा। सस्पेन्शन स्प्रिंग की झलाई टूट गयी है। पूरे दिन जीप चलाने की थकान के बावजूद सरवन सिंह उसी रात जीप को वर्कशाप ले जाता है। उसने समरेश का चेहरा देखा था और फिर कुछ पूछने की ज़रूरत नहीं थी। सुबह नौ बजे वर्कशाप से जीप वापिस आते ही वे चल पड़ते हैं। रात भर जगा सरवन सिंह जीप में सो रहा है और समरेश गाड़ी चला रहा है। आज शुक्रवार है। रात को दस बजे बागडोगरा से फौजी लोगों के दिल्ली जाने के लिए सुपर कांसटेलेशन हवाई जहाज़ की कुरियर सर्विस है। डेढ़ घंटे में वह दिल्ली पहुँच जायेगा। फिर आधे घंटे बाद क्लैरिज होटल। आठ बजे तक सिलीगुड़ी पहुँचना ज़रूरी है। कोर हैड्क्वार्टर से हवाई जहाज़ का पास लेना होगा। किसी न किसी तरह। इतनी तेज़ जीप चलाने से कहीं एक्सीडेंट हो गया तो? उसकी घड़ी की सुईयाँ आज इतनी तेज़ी से क्यों चल रही हैं?

ड्राईवर सरवन सिंह सो रहा है। नहीं तो उसे इतनी तेज़ी से इस तरह जीप नहीं चलाने देता। सरवन सिंह ने चोरी की थी कल रात को। ब्रेक के मास्टर सिलिंडर की। किसी और मरम्मत के लिए वर्कशाप आयी मेजर सदाशिव की जीप का मास्टर सिलिंडर रातों रात निकाल कर अपनी गाड़ी में लगा लिया। सस्पेंशन स्प्रिंग की झलाई ख़ुद नहीं कर सकता था इसलिए सात बजे तक वैलड़िंग मिस्त्री का इन्तजार करना पड़ा।

रगंपो चेकपोस्ट पर जीप रुकने पर सरवन सिंह उठता है। घड़ी देखकर विश्वास नहीं कर पाता कि इतनी जल्दी वे वहाँ कैसे पहुँच गये। लंच नहीं किया। पर अब चाय पी सकते हैं। घड़ी की सुईयाँ अब धीमी चल रही हैं। समय अब समरेश के नियंत्रण में है। फिर भी जितनी जल्दी सिलीगुड़ी पहुँच जायें अच्छा होगा। ब्रिगेड मेजर को ढूँढना है। उसे समझाना होगा कि जो कुछ भी हो उसे रात के हवाई जहाज़ से दिल्ली ज़रूर जाना है। साढ़े ग्यारह बजे पालम और रात बारह बजे क्लैरिज होटेल। क्लैरिज! क्लैरिज! एक लक्ष्य बिन्दु है क्लैरिज! गोम्पा के घड़ियाल की धम्म! धम्म! ताल तरह उसके मन में यह नाम गूँज रहा है। दिप्ति के बारे में वह नहीं सोचता है। सोचना ही चाहता। सोचने पर उसके वहाँ न होने के बारे में भी सोचता होगा। और समरेश वह नहीं सोचना चाहता। मशीनी गति की तत्परता में खो जाना ही ठीक है। और वह कर भी क्या सकता है।

तीस्ता पुल से तीन मील नीचे एक्सीडेंट है। फौजी ट्रकों की आधा मील लम्बी कतार। रास्ता बन्द है। दोपहर बाद एक्सीडेंट हुआ था और अब शाम घिरती आ रही है। रास्ता अभी खुल जायेगा। सरवन सिंह कहता है। वह दो बार आगे तक घूम आया है। हर बार यही कहता है। झूठ बोलता है। समरेश की आवाज़ में तेज़ी है। सरवन सिंह सकपका कर उसकी ओर देखता है। पर उसके चेहरे को देखकर

चुप रहता है। घड़ी की सुईयाँ अब फिर तेज़ हो गयी हैं। आधे घंटे में अंधेरा हो जायेगा। समरेश खुद आगे जाता है। एक्सीडेंट ग्रस्त गाड़ियाँ हटा दी गयीं हैं पर सड़क पर लुढ़क आये पत्थर को बारूद से उड़ाये बिना रास्ता नहीं खुल सकता। कम्पैसर और जैक हैमर की तेज़ आवाज़ के बीच पत्थर में बारूद भरने के लिए छेद किया जा रहा है। समरेश कुछ नहीं कर सकता। पत्थर के ऊपर खड़े, जैक हैमर से पत्थर में छेद करते, मज़दूर के सिवा कोई कुछ नहीं कर सकता। परिस्थिति, नियति, को स्वीकार करने के सिवा कोई चारा नहीं है। भावना के उछाव को दबाने के लिए इतना भारी पत्थर जो सड़क पर पड़ा है।

सरवन सिंह जीप चला रहा है। बारूद के धमाके को सुनते ही लाईन तोड़कर वह गाड़ी सबसे आगे दौड़ा लाया था और अब हैड लाईट की तेज़ रोशनी में भागती जीप और सब गाड़ियों को बहुत पीछे छोड़ आयी है। साढ़े नौ बजे कोर हैड क्वार्टर में ब्रिगेड मेजर समरेश को हवाई जहाज़ का पास दे रहा है। जल्दी! जल्दी! इतनी जल्दी के बाद भी हवाई जहाज़ छूट गया तो? जल्दी! जल्दी! दस बजने में दस मिनट पर बागडोगरा एयरपोर्ट की बत्तियाँ दिखाई देने लगती हैं। फिर जीपों की कतारें। हवाई जहाज़ के इन्जन की आवाज़ वह नहीं सुन सकता। तो अभी समय है। जहाज़ उड़ गया होता तो जीपें वापस जा रही होतीं।

ग्यारह बजे। हवाई जहाज़ गौहाटी से अभी तक नहीं आया। बारह बजे आसपास की कुर्सियों पर सब लोग सो रहे हैं। समरेश एयरपोर्ट से बाहर घूम रहा है। सरवन सिंह जीप में सो रहा है। बारह बज गये। क्लैरिज होटल? पर अब गोम्पा के घड़ियाल जैसी वह ताल बन्द हो चुकी है।

साढ़े बारह बजे। हवाई जहाज़ अब नहीं आयेगा। गौहाटी में इन्जन ख़राब हो गया है। ठीक नहीं हो सकता। कल एयर फोर्स का कोई जहाज़ दिल्ली से नया इन्जन लायेगा। कल शाम से पहले जहाज़ बागड़ोगरा आ सकने का प्रश्न नहीं है। शायद परसों। शायद एक दिन और लग जाये। कौन जानता है?

दो बजे। दिल्ली जाने वाली बौनगाईगाँव एक्सप्रैस सुबह सात बजे सिलीगुड़ी स्टेशन से छूटेगी। सरवन सिंह अब सिलीगुड़ी स्टेशन के बाहर जीप में सो रहा है। समरेश के कितना कहने पर भी उसे गाड़ी में चढ़ाये बिना वापिस नहीं जायेगा। बौनगाईगाँव एक्सप्रैस सबसे फास्ट ट्रेन है। चौबीस घंटे में दिल्ली पहुँच जायेगी। रात को कितनी मालगाड़ियाँ सिलीगुड़ी स्टेशन से गुज़रती हैं। स्टेशन के दोनों ओर की ऊँची तेज़ रोशनियों में आती और जाती गाड़ियों के इन्जनों से उठती भाप को देखना उसे अच्छा लगता है। फिर बहुत वर्षों पहले, अपने बचपन के दिनों की तरह, वह आती और जाती लम्बी मालगाड़ियों के डिब्बों की गिनती करता रहता है। दिप्ति का पत्र उसकी जेब में है। दिन भर उसे फिर नहीं पढ़ा। अब भी नहीं पढ़ता है।

सात बजे। एक नया दिन। आज आसमान साफ है। सिलीगुड़ी को पीछे

छोड़ती बौनगाईगाँव एक्सप्रैस की खिड़की से बाहर पहाड़ों की धूमिल रूप-रेखाएँ सुबह की पहली रोशनी में उभर आयी हैं। समरेश जानता है कि कुछ ही देर में ये क्षितिज सीमा में विलीन हो जायेंगी। दिल्ली तक की सपाट भूमि की यात्रा में अब कोई पहाड़ नहीं आयेंगे। यह यात्रा तो अंतिम सिरे की है। दिप्ति अब दिल्ली में नहीं होगी। यह अब वह सोच और स्वीकार कर सकता है। दिप्ति का पत्र अब वह फिर पढ़ सकता है। अपनी स्थिति में एक पक्का, स्थायी, अंतिम निर्णय वह लेना चाहेगी, यह वह समझ सकता है। काफी इन्तज़ार किया। काठमाण्डू के दिन। फिर क्लैरिज होटल के दस दिन। और उसके बाद कितनी दुविधा और हृदय-मंथन से भरे दो दिन और। और दिप्ति तो बहुत दृढ़ निश्चयी है।

दिप्ति ने उससे कुछ नहीं कहा था। इसे अब वह कितने स्पष्ट रूप में देख सकता है। आमने-सामने की बातों और पत्र में लिखे शब्दों के अर्थ अलग होते हैं। वातावरण, हाव-भाव, मुद्रा, पत्र में नहीं लिखे जाते। पत्र में एक दूरी, पर विवेक से परिष्कृत एक संतुलित भावना होती है। व्यक्तिगत बन्धन नहीं होता। कितना अन्तर हो सकता है एक ही सवाल के जवाब में। सामने पूछे सवाल का जवाब वह जानती थी। पर पत्र कई बार पढ़ा जा सकता है। मन के अनगिनत चक्रव्यूहों में घूम सकता है। धीरे-धीरे वही सवाल अचेतन की गहराइयों में तुलता है। जवाब के उत्तरदायित्व में बँध जाने से बहुत पहले। व्यक्तिगत उपलब्धि के दबाव बिना अपना अलग रास्ता चुन सकने की एक शान्त गरिमापूर्ण स्वतंत्रता रहती है। और अंत में किसी भी दबाव में स्वीकार किया कोई भी बन्धन ठहर नहीं पाता। दिप्ति बहुत सम्वेदनाशील है। सब सोचा होगा। उन दिनों में। उन अलौकिक वन-प्रदेशों में समरेश के साथ चलते हुए। काठमाण्डू में। फिर सात दिन। और फिर पाँच दिन और। सिर्फ एक दिन और नहीं? दिप्ति ने अपने पत्र में लिखा था कि जीवन संयोग है। संयोग ही से तो दिप्ति उसे मिली थी। और भाग्य के आखिरी दाँव का वह अंतिम खोया दिन भी तो संयोग ही था।

❑❑